고요를 배우다

고요를 배우다

불필요한 것들을 놓아버리는 연습

캉쿄 타니에 지음 — 백선희 옮김

심플라이프

* 일러두기

저자 주는 후주로, 옮긴이 주는 각주로 처리했다.

"내가 사랑하는 제자는
군중보다 고독을 좋아하고
소요보다 고요를 좋아하고
소란보다 침묵을 좋아한다."

— 류몬지 선사의 올리비에 레이겐 왕겐 스님이 인용한
부처의 마지막 말

들어가며 /

하루하루 마음이 단단해지는 책

색다른 이야기

수많은 자기계발서가 '단 며칠 만에 당신에게 평온을 안겨 줄 비결을 잔뜩 담고 있다'라고 주장합니다. 하지만 제 눈에는 무엇보다 '손에 쥐여 주는' 사용법이 충분치 않아 보였습니다. '실제 생활에서 가져온 일화와 훈련을 번갈아 소개하는 편이 좋지 않을까'라고도 생각했지요. 사실 이런 자기계발서를 읽으며 '기적의 방법론'을 믿는 모든 열혈 신도에게 "입증해 보세요!"라고 소리치고 싶은 마음을 자주 억누르곤 했습니다. 그 기적의 방법론이 주장하는 지혜가 삶에 반영되는 경우는 아주 드물었으니까요. 그래서 저는 실례, 사례, 직접적인 증언을 많이 모았고, 빛날 것 없는 실패담도 담았습니다.

책장을 넘기다 보면 꽤 자주 수행 방법을 접할 것입니다. 주의하세요! 그 수행법은 하나하나 여러분의 삶을 변화시킬 힘을 품고 있습니다. 책을 쓰며 이런저런 수행의 이점을 길게 열거하고 제 사생활까지 폭로할 각오를 다진 건 그만큼 가치 있는 일이기 때문입니다. 여러분은 위험부담을 안고 이 책을 펼쳤습니다. 뿌리 깊은 변화가 복병으로 숨어 있습니다. 많은 사람이 새롭고 예측 불가능한 상황보다 불쾌하더라도 친근한 상황을 선호한다고 합니다. 여러분은 어떤가요?

먼저 이 책에 소개한 훈련에 관해 몇 가지 정보를 드리겠습니다. 그 훈련들은 여러분의 일상에 쉽게 녹아들 것입니다. 새벽에 일어날 필요도, 긴 시간을 할애할 필요도 없습니다. 요리에 감칠맛을 더하는 양념처럼 여러분의 일상에 '의식'과 '몰입'을 간간이 넣기만 하면 됩니다. 곧 보겠지만 그러고 나면 시간의 맛이 달라지고 깜짝 놀랄 향기가 풍길 것입니다.

물론 때로는 호사스럽게 텅 빈 해변을 걷는 데 시간을 쓰는 것이 훨씬 이롭겠지요. 시간을 자유롭게 사용할 수 있는 특혜받은 사람들을 위해 사찰 안거(安居), 집에서 하루 또는 며칠 동안 하는 침묵 치유법도 이야기하려 합니다.

이어지는 글에서 여러분 모두 자신에게 맞는 생각이나 수련을 찾으시기 바랍니다. 그것을 찾으면 사금처럼 몰래 주머니에 넣고 가져가 여러분 내면에 들어찬 풍요로움과 만나세요.

고요로 이끄는 안내자

누가 제게 무슨 일을 하느냐고 물으면 이렇게 대답하고 싶습니다. "꽤 많은 일을 합니다. 걷고, 먹고, 하늘을 바라보고, 숨 쉬고, 고양이를 쓰다듬고, 명상도 하고, 노래도 합니다." 그러나 이건 사람들이 기대하는 대답이 아닙니다. 저마다 이마에 이름표를 붙이듯이 한 가지 역할만 맡아야 하지요. 상대가 우리를 분류함에 집어넣을 수 있도록 말입니다. 이름표를 붙이지 않은 사람은 걱정을 삽니다. 그래서 같은 시대를 살아가는 사람들을 안심시키기 위해 저도 상황에 따라 떼었다 붙일 수 있는 스티커를 몇 개 준비했습니다.

제게는 대개 '선불교 비구니'라는 이름표가 달립니다. 아마 이 이름표가 몸에 가장 깊숙이 배어 있을 것입니다.

따지고 보면 이 이름은 지워지지 않는 문신과 비슷합니다. 벌써 15년째 저는 '비구니'라는 숭고한 역할을 맡고 있습니다. 그러나 이 말은 잘못되었습니다. 제 삶에 깊이 뿌리내린 영적인 측면을 표현할 순 있어도 제가 가진 많은 특징을 배제하기 때문입니다. 다른 불교학파와 마찬가지로 우리는 선(禪) 전통을 지키며 결혼할 수 있고(제겐 대단히 매력적인 동반자가 있습니다), 아이를 낳을 수 있으며(저는 한 번도 바란 적 없지만), 사찰 일 외에 다른 직업을 가질 수도 있습니다.

'비구니'라는 말이 살짝 낡은 느낌을 풍기는 데다 제가 인터넷에서 활발히 활동한다는 사실을 알면 저 이름표가 더욱 한정적으로 느껴지지요. 저는 블로그를 운영하고, 사찰 및 다른 불교 단체들을 대신해 SNS 소통을 맡고 있습니다. 말하자면 비구니 2.0인 셈이지요! 시간이 흐르면서 다른 활동도 점점 늘어나고 있습니다. 입문자를 맞이하고, 명상을 지도하고, 강연회를 열고, 면담하고, 잡지 칼럼을 쓰고, 동료들과 교류합니다. 그러다 보니 하루 일과가 늘 흥미로운 일로 가득합니다.

제 이마에는 이따금 '치유사'라는 이름표가 붙습니다. 사실 저는 몇 년 전부터 최면 치료사로 일하고 있습니다.

최면 치료는 의식의 변화를 통해 행동의 변화를 끌어내는 행동 치료법 중 하나입니다. 적용 영역은 아주 다양하지요. 우울증 치료, 시험 준비, 자신감 회복, 공포증 치료 등. 저는 이 활동을 통해 타인을 이해하는 데 필요한 많은 재료를 발견하고 불교의 가르침을 살찌웁니다.

우리는 선 전통을 지키며 생계를 꾸리기 위해 일주일에 몇 시간씩 일합니다. 동시대인과 똑같은 어려움을 겪고 일자리를 찾고 돈을 버는 덕에 우리는 교류, 강연, 그밖의 가르침을 행할 때 조금 더 조화를 이룰 수 있습니다.

저는 대중 앞에서 노래하고 말하는 선생이기도 합니다. 1998년에 가진 제 첫 직업입니다. 뒤에서 다시 이야기할 것입니다.

마지막으로 2년 전부터 마부로 자원봉사 활동을 하고 있습니다. 앞에서 설명한 제 이름표와는 전혀 다르지요! 자연스러운 조건에서 생활하는 말을 발견한 건 대단한 체험이었습니다. 도시인인 제가 말을 접해 본 건 고작 귀여운 조랑말 인형과 경마장뿐이었지요. 요즘엔 트랙터를 이용해 정기적으로 건초를 들판으로 가져가고, 말의 입속에 손가락을 집어넣어 치아 상태를 확인합니다. 말의 이빨을 닦아 주고, 말들이 겨울을 무사히 날 수 있도록 소화가 잘되는 배합사료를 준비하고, 어루만지고, 긁어 주고, 쓰다듬어 줍니다. 무엇보다 제 공부를 위해 몇 시간씩 말들 곁에 머뭅니다. 침묵 공부 말입니다.

늘 감사하는 마음으로

여러 사람과 몇 가지 요소가 이 책을 쓰는 데 함께했습니다. 이를테면 사랑하는 제 고양이는 컴퓨터 주변에서 느릿느릿 기지개를 켜며 제게 휴식을 종용했지요. 이 녀석의 친절한 권유가 없었다면 아마 제 등은 바스러졌을 겁니다. 녀석은 오른쪽에서 왼쪽으로, 왼쪽에서 오른쪽으로 책상 위를 우아하게 걸으며 제게 눈 요가를 시켜 주기도 했습니다.

근처 찻집에서 만난, 연세가 아흔셋인 할머니도 계십니다. 그분은 멋진 알자스 억양으로 이렇게 감탄하곤 했습니다. "잠들기 전에 돋보기를 들고 늘 당신의 글을 읽어요. 그럼 아주 편안해져요. 네, 확실히 그래요. 마음이 편안해져요." 이런 말로 제게 힘을 불어넣어 주셨습니다.

침울한 날, 창문을 넘어 들어와 제 책상 위로 쏟아지던

겨울 햇살도 있습니다. 햇살은 마치 제게 이렇게 말하는 것 같았습니다. "자! 힘내서 일해요!"

친구들, 바람, 새, 카페, 말[馬], 소셜 네트워크가 있고, 무엇보다 다정한 우리 할머니가 폭신한 무릎에 저를 앉혀 읽는 법을 가르쳐 준 다섯 살 이후로 집어삼키듯 읽어 온 책 무덤이 있습니다. 독서가 없었다면, 내 작은 머릿속에 집어넣은 말들이 없었다면, 기억의 깊은 저장고에서 힘차게 튀어나와 종이 위에 누운 표현들이 없었다면 이 책은 여전히 비어 있었겠지요. 아마도 침묵했겠지요?

사찰에 머무는 사람들이 있고, 제가 머리에 상념을 채우고 손에는 펜을 든 채 이곳에서 저곳으로, 숲에서 구내식당으로, 말에서 선방(禪房)으로 돌아다니는 모습을 지켜보던 그들의 인내가 있습니다.

그리고 이 모든 세월 동안 저와 함께한 당신이 있습니다. 당신에 대해선 아무 말도 하지 않으렵니다. 그저 침묵으로 당신을 감쌉니다. 이심전심. 이 책을 당신께 바칩니다.

이 책의 활용법

앞으로 언급할 주제와 수련은 대부분 실제 삶에서 뽑아낸 예를 바탕으로 설명할 것입니다. 아주 단순한 원리입니다. 누군가가 어떤 일을 시도해 성공을 거두었다면 그는 다른 사람들이 들어갈 수 있도록 활짝 문을 연 것입니다. 저는 최면을 공부하며 신경언어학 프로그래밍(NLP) 분야를 폭넓게 탐구했습니다. 일종의 뇌 교육법을 가리키는 야만적인 용어지요. 어쨌든 저는 우리의 두개골이 어떻게 작동하는지 배웠습니다. 순수하게 의학적인 측면들을 추상화하며, 도달해야 할 목표로 우리의 뇌를 바르게 이끄는 법을 배웠지요. 그 효력은 엄청납니다!

신경언어학 원리 가운데 하나는 모델화입니다. 목표에 도달하려면, 한 분야에서 성공하려면, 인생에서 무언가를 바꾸고 싶다면 그곳에 다다른 사람들을 바라보고, 그들을 모방하라고 조언합니다. 이러한 행위를 '이론의 모델화'라고 합니다만 사실 그저 모방을 통한 학습일 뿐입니다. 혁신 정신과 정신의 자립을 깃발처럼 흔들어 대는 프랑스 사회는 누군가를 모델로 삼아 모방한다는 것을 나약한 사람이나 하는 생각으로 여깁니다.

최면과 신경언어학을 공부한 이후에 저는 마음껏 모델화를 이용했습니다. 어떤 사람이 흥미로운 무언가를 하거나 특별한 재능을 보이면 저는 즉각 그것을 연구해 진수를 끌어내려 했습니다. 이를테면 미셸 수녀는 다른 수행자에게 무례한 말을 들어도 흔들리지 않고 늘 침착합니다. 저는 그녀를 초대해 오랫동안 질문을 던졌습니다. "어떻게 해야 그렇게 화를 내지 않을 수 있나요?", "대체 무슨 감정을 느끼세요?", "그 여자가 괴롭힐 때 자신에 관해 혹은 그 여자에 관해 무슨 생각을 하세요?", "그런 생각을 하지 않으려면 어떻게 해야 하나요?" 등등. 그녀는 저의 질문 공세에도 흔들림이 없었고, 저는 그녀의 행동을 모방하며 엄청나게 많은 것을 배웠습니다.

제가 여러분에게 제안하는 바가 바로 이것입니다. 어떤 본보기가 여러분에게 말을 걸면 그것을 모방하라는 겁니다. 모델로 삼고, 똑같이 행동하고, 탐구하고, 모험에 뛰어드세요. 그러면 새로운 원천을, 세상을 바라보는 새로운 시각을 발견할 테고, 그 방식을 받아들이게 될 것입니다. 그러니 모방하세요!

차례

세상에서 일어나는 모든 일이
우리를 우리 자신에게서 멀어지게 한다.
인간이 한순간이라도 멈춰 서서 침묵 가운데 자리하면
피할 길 없이 자기 자신과 맞대면하게 된다.

1장

휘둘리지 않고 나로 살기 위하여

저녁 여섯 시다. 요즘은 일찍 어두워져서 이 시간이면 숲이 어슴푸레한 어둠에 잠긴다. 미풍에 나뭇잎이 살랑이고 멀리서 교회 종소리가 울리면 곧 사찰의 종소리가 메아리로 받아친다. 새들도 지저귐을 멈춘다. 무언가 스치는 소리, 바스락거리는 소리가 야생동물의 존재를 짐작케 한다. 이곳에선 종종 노루나 멧돼지와 마주친다. 맹금류, 까마귀, 길고양이는 말할 것도 없다. 저녁 어스름이 고요하다. 마치 어둠이 내리다 멈춘 것 같다. 귀 기울일 줄 아는 이에게 겨울은 더없이 평온하다.

이제 듣는 법을 다시 배우는 일에 관해 이야기하려 한다. 침묵을, 말과 말 사이의 공간을, 태풍 속 고요를, 시간의 흐름을 듣는 일. 또한 맛보는 법을 다시 배우는 일. 순간의 맛, 음식의 풍미, 불의 열기를 맛보는 일 말이다. 손이 닿고, 심장이 뛰고, 공간이 열리고, 시간이 멈추는 순간을 느끼는 법, 그 방법을 다시 배우는 일. 엄청나지 않은가.

그러나 모든 공부가 그렇듯이 우선 범주부터 정해야 한다. 침묵은 자꾸 움직여 어떤 틀에도 갇히지 않으려 한다. 그러니 조금이라도 녀석을 길들여 보자. 그리고 지켜보자.

침묵이란 무엇인가

오늘 아침에 나는 살면서 가 본 곳 가운데 가장 조용한 장소를 떠올리려 애썼다. 몇 년 전에 친구들과 함께 들른 모로코의 사하라사막이 생각났다.

나는 동트기 전에 일어나 해돋이를 보러 갔다. 바람도 없고, 소리도 없고, 붉은 모래언덕만 눈앞에 끝없이 펼쳐졌다. 예로부터 은자들 혹은 절대를 탐구하는 이들은 사막에 은신했다. 이날 아침 나는 그 이유를 이해했다. 모래언덕에 앉으니 할 일이 아무것도 없었다. 과거도 미래도 없이 모든 것이 그냥 그대로 그곳에 있었다. 무언가를 증명하기 위해 사방팔방 분주히 쏘다닐 일도, 헛된 성공을 좇으려 달려갈 일도 없었다. 숨 한 번 깊이 들이마시고 순간의 고요를 맛보면 그만이었다.

그러고 나선? 뒤늦게 친구들이 속속 도착해 탄성을 내질렀다. "와우! 여기 너무 멋지다! 셀카 찍자." 그렇게 마법은 무너졌다. '#우리는참선중'이라는 해시태그를 단 사진이 인스타그램에 실렸고, 사막은 그 온갖 바보 짓거리 앞에서 참을성 있게 한숨을 내쉬었다. 나는 슬그머니 모래알을 조금 집었다. 주머니 속에서 모래알 부딪치는 소리가 울리며 잊고 있던 생각을 불러일으켰다. 무한은 그것을 보고 싶어 하는 사람을 위해 언제나 그 자리에 대기하고 있다는 것을.

누구나 한 번쯤은 이런 무한을 경험했을 것이다. 숲을 거닐다 문득, 분주히 움직이는 군중 한가운데 꼼짝 않고 멈춰 서 있다 문득, 깜깜한 밤에 버스를 타고 집으로 돌아오다 문득, 친구들이 나누는 대화를 무심코 흘려듣다 문득……. 그럴 때마다 침묵은 숨어서 기다리고 있었다. 말 틈에, 익숙한 영상 틈에, 친근한 감각 틈에 평온하고 절대적인 고요가 존재한다. 고요로 가는 길목에는 '자각'과 '몰입'이라는 관문이 있다. 분명히 말하지만 침묵은 결단

코 소음의 부재가 아니기 때문이다.

침묵이 소음의 부재라면 참으로 간단했을 것이다. 그저 하루에 두 시간쯤 고립된 좁은 공간에 틀어박혀 있으면 될 테니까. 1970년대에 유행했던 이러한 경향은 최근 대도시에서 '양수 부유'*로 다시 인기를 끌고 있다. 폐소 공포증을 앓거나 소득이 낮은 사람은 이용할 수 없는 방법이기에 나는 그보다 훨씬 시적이고 돈도 들지 않는 방법을 제안하려 한다.

잠깐 인간의 귀에 관해 생각해 보자. 과학자들의 말에 따르면 귀는 20헤르츠부터 소리를 지각한다. 그렇다면 인간이 지각하지 못하는 다른 주파수는 존재하지 않을까? 나는 지극히 예민한 청각을 가진 고양이, 말과 함께 많은 시간을 보내며 내가 듣지 못하는 작은 소리에 동물들이 귀를 쫑긋 세우는 모습을 보곤 했다. 동물의 귀가 가리키는 방향을 바라보면 이내 행인이나 개가 불쑥 나타났다. 동물의 소리 세계는 대단히 풍성해서 그들이 탐색하는 침묵과 우리가 탐색하는 침묵은 많이 다를 것이다.

* 양수와 유사한 성분의 물이 담긴 욕조 안에 태아처럼 몸을 담근 채 뚜껑을 닫고 몸과 마음을 이완하는 치료법.

이 경험을 토대로 나는 호기심을 갖고 귀를 온갖 방향으로 쫑긋 세웠다. 더 많이 들을수록 나는 지금 이 순간과, 침묵과 깊이 연결된다.

도심으로 돌아오면 대개 그 반대로 행동해야 한다. 귀를 쫑긋 세운 채 몇 시간을 보내고 다시 소리가 가득 담긴 냄비 같은 교통지옥 속으로 걸어 들어가는 건 몹시 괴로운 일이다. 그 순간 내 뇌는 마치 마법처럼 아주 단순하지만 대단히 유용한 기교를 부린다. 소리를 망각하는 것이다. 도시에서 나는 듣는 법을 잊는다. 소리에 귀 기울이지 않고 그것이 내 몸을 관통하도록 내버려 둔다. 이는 많은 사람이 주위에서 쏟아지는 불협화음을 견디고 살아남기 위해 실천하는 생존 전략이다. 아주 피곤할 때를 제외하곤 다행히도 일종의 소리 자동 축소 장치가 작동하는 것처럼 소리가 걸러져 우리에게 도달한다. 인간의 적응 능력은 정말 놀랍다.

더불어 좋은 소식이 있다. 도시에도 침묵과 평온이 가득하다! 이 이야기는 뒤에 가서 다시 언급할 것이다.

왜 침묵해야 하는가

침묵 저 깊은 곳에서 작은 목소리가 속삭인다. “내면의 침묵에 관해 말하라고요.”

실상은 내면의 침묵, 이것이 바로 열쇠다. 내면의 침묵은 환경에 따른 변화가 아니라 우리와 우리 자신의 행동에 따른 변화만이 지속적이라는 아주 단순한 원리에서 출발한다. 이 유명한 문장을 아는가? “변하지 않는 일을 감내할 힘과 변화 가능한 일을 변화시킬 용기 그리고 그 둘을 구분할 지혜를 내게 주소서.”

이 원리대로라면 새벽 두 시에 떠드는 이웃이나 시끄럽게 쿵쾅거리는 아이들을 조용히 입 다물게 하지는 못해도 상황을 바라보는 우리의 인식을 바꾸거나 이사를 가 버릴 수는 있다. 지혜로 가는 길은 내면의 침묵을 개발하는 데 있다. 내면의 침묵은 긴장 상황, 과다한 소음, 감정적인 충격 속에서도 평온을 유지할 수 있게 해 준다.

내면의 침묵이라는 개념을 이해하려면 몇 가지 설명을 덧붙여야 한다. 앞으로 일상에서 벌어지는 상황들을 연구하며 길게 설명할 테지만 우선 몇 가지 실마리를 짚어 보겠다.

시끄러운 이웃이라는 주제로 돌아가 보자. '층간 소음'은 대단히 고전적인 주제다. 상스러운 말투를 가진 이웃을 두었을 경우 내면의 침묵 수행은 다음과 같은 것들을 배우며 평온을 되찾는 데 있다.

— 기를 쓰고 당신의 삶을 망치려 드는 이웃에 관한 생각이 지나가게 내버려 두기.
— "단단히 혼을 내 주고 말겠어!"라고 말하는 내면의 목소리가 지나가게 내버려 두기.
— 이런 상황에 나타나는 분노, 굴욕, 무력감을 연구하기. 그것을 받아들이고 저절로 가라앉기를 기다리기.

이처럼 새로운 방법들이 자리 잡고 나면 내면에 다른 리듬, 유쾌한 삶에 더 걸맞은 고요한 리듬이 나타날 것이다. 이러한 침묵 수련은 우리의 여러 지각 영역, 즉 눈, 귀(말[言]을 매개로 한) 그리고 몸과 관련되어 있다. 이제부터 나는 한 사람 한 사람을 더 나은 곳으로 인도하기 위해 정확한 실례들과 몇 가지 작은 비법을 제시하려 한다. 독자들이 직접 시험해 볼 수 있도록!

고요한 삶이 지닌 이점

고요한 삶은 아주 많은 이점을 갖고 있다. 여기선 몇 가지만 짚어 보겠다. 어떤 이점은 우리의 행복과 관련되어 있고, 어떤 이점은 사회생활과 관련되어 있다.

침묵을 지키면 다른 시간에 들어선다. 주변의 동요를 마주한 채 한결 느리고 절도 있는 시간 속으로. 2015년 파리에서 테러가 발생했을 때 온 세상을 불안하게 만든 건 사건 자체가 아니라 미디어였다. 모든 채널에서 실시간으로 테러리스트들의 체포 장면을 방영했고, 수많은 사람이 "나는 샤를리다"*를 페이스북 프로필 사진으로 게시했으며, 아주 사소한 뉴스까지 읽고 댓글을 달았다.

몇 주 후 잠을 잃은 사람들이 최면 치료를 받기 위해 끊임없이 나를 찾아왔다. 그들은 모두 똑같은 이야기를 털어놓았다. 낮에는 온종일 미디어 앞에 앉아 시간을 보낸다는 것이었다. 그들이 집어삼킨 영상, SNS상에서 꼬리에 꼬리를 물고 폭로되는 메시지들이 그들의 내면에 깊

* 파리의 풍자주간지 샤를리 에브도 총격 사건 이후 '테러에 반대하고 희생자들과 연대한다'는 뜻을 담아 유행한 문구.

이 각인되고 그 모든 것이 엄청난 먹구름을 형성해 다른 일을 손에 잡지 못하도록 만들었다.

그들이 내면의 침묵을 수행했다면 상황은 매우 달랐을 것이다. "뉴스를 아주 조금씩 듣고, 며칠 동안 SNS를 끊고, 불안을 야기하는 긴 대화를 피하라." 이것이 테러가 일어났을 때 내가 우정 어린 마음으로 모두에게 조언했던 바다. 스트레스와 잠재적 불안을 줄이고 거기서 비롯된 공포, 세상에 널리 퍼진 부정적 의식을 약화하는 행동이다.

침묵을 받아들이고 주변의 소란을 피하면 눈앞의 상황에서 한 발 물러나 미디어 혹은 중립성이 의심되는 자칭 전문가의 분석을 맹목적으로 좇지 않을 수 있다.

우리가 직장이나 가정에서 혹은 다른 곳에서 마주치는 갈등에도 동일한 규칙을 적용할 수 있다. 예컨대 불쾌한 이메일에 답하기 전에 긴 호흡을 내쉬며 밤을 보내는 것이다. 이런 침묵의 실천은 가시덤불에 꽃을 피운다.

인간은 모방을 통해 많은 일을 해낸다. 조용한 사람과 몇 분간 함께하면 자기 내면의 리듬이 변한 걸 느끼는 경우가 많다. '존재 상태'는 쉽게 전염된다. 따라서 내 안의 평온을 지키는 일이 모두의 평온을 지키는 일이라 할 수 있다. 주변의 불협화음에 자신의 목소리를 보태지 않는 사람에게 마음 깊이 감사하자. 자기 의견을 내놓지 않는 사람, 다른 사람의 말을 가만히 들으며 기다리는 사람, 친구들과 술 마시기보다 개와 산책하길 더 좋아하는 사람, 자동차에서 라디오를 끄는 사람에게 감사하자.

최근 한 강연회가 끝나고 칵테일파티에 초대받은 적이 있었다. 나는 다른 사람들처럼 이 무리 저 무리로 옮겨 다니며 이야기를 주고받고, 새로운 소식을 듣고, 처음 보는 사람과 통성명했다. 이날 저녁 나는 많은 사람을 만났고, 아주 즐거웠다. 그런데 그들과 나눈 대화는 진짜 교류라기보다 두 개의 독백이 평행하는 꼴이었다. 이날 파티에서 한 강연자가 우리에게 한 가지 놀이를 제안했다. 옆으로 몸을 돌리고 30초 동안 옆 사람과 눈을 마주치라는 것이었다. 낯선 이와 마주 보는 30초는 얼마나 길던지! 그러나 나는 숱한 대화보다 이 침묵의 시간 동안 더 많은 것을 배웠다. 옆 사람과 나는 눈과 눈을 마주하고 조금 어색해하며 안전망 없이 낯선 세계로 뛰어들었다. 간간이 웃음소리가 들릴 뿐 그 공간은 별안간 신성한 침묵으로 채워졌다.

그때 이런 의문이 솟았다. 어떻게 타인과 함께 침묵 속에 있을까? 어떻게 말없이 무리 속에 머물 수 있을까? 어떻게 말하지 않고도 무리 속에서 내 몸이 평온함과 존재감을 드러낼까? 이 의문들에 대답하다 보면 새로운 존재 방식의 문이 열리고, 나아가 더 나은 세상을 만드는 데 기여할 수 있을 것이다.

세상의 속도에서 벗어날 때

침묵의 미덕을 실시간으로 맛보려면 작은 실험을 해 보는 것이 좋다. 나는 당신이 지금 어디에서 이 책을 읽고 있는지 모른다. 기차 속인지, 침대 안인지, 나무 밑인지, 프랑스인지, 미국인지, 태국인지. 잠시 책을 내려놓고 눈을 들어 보라. 풍경을 보고 당신의 몸, 호흡을 의식하며 아무것도 하지 않은 채 그대로 가만히 있어 보라. 60초 정도만. 국가적인 추모일에 갖는 묵념 시간보다 훨씬 유쾌할 것이다. 심지어 그런 시간과는 전혀 다르다. 마음먹고 시간의 행진에서 벗어나 자발적으로 찾은 침묵의 순간이기 때문이다.

끝났다. 60초가 지났다. 눈치챘는가? 시간이 천천히 흐른다는 사실을. 느껴지는가? 다른 공간이 열린다는 사실이. 보이는가? 세상의 윤곽이 한층 더 명료해지는 것이. 60초간 침묵하면 시간이 멈춘 듯 느껴진다. 마법 같다! 몸을 움직이지 않을 때 더 쉽게 확인할 수 있다. 그러니 움직이지 말고 침묵을 훈련해 보라. 무엇이 변하고 무엇이 나타나는지에만 주의를 기울여 보라.

결핍감을 받아들이기

수많은 현자와 철학자가 '침묵이 금'이라는 사실을 증언한다. 우리가 이를 깨닫고 침묵을 수련하려 할 때 무엇이 우리 앞을 가로막을까? 솔직히 털어놓겠다. 앞으로 우리가 걸어갈 숭고한 침묵의 길에는 많은 장애물이 놓여 있다. 그 장애물을 몇 가지 적어 보았다. 당신을 좌절시키기 위함이 아니라 적을 대면하기 전에 적을 아는 편이 낫다고 생각하기 때문이다.

짧은 여담을 하나 언급하고 넘어가겠다. 코지스(Kogis) 인디언의 언어에는 '적'이라는 말도, '적수'라는 말도 없다. 이념이 정면으로 부딪치는 이 불안한 시대에 참으로 흥미로운 사실이다. 내 앞을 막아서는 적이 없고 다만 '다른 생각 체계'만 있다면, 타인이 적수가 아니라 다른 가치를 가진 사람이라면 맞서 싸워야 할 것도, 내가 더 강해지기 위해 공격해야 할 사람도 없다. 이런 상황 또한 어쩌면 침묵할 좋은 기회인지 모른다.

흔히 침묵은 두려움을 동반한다. 요즘처럼 소음과 영상, 자극적인 뉴스가 쏟아질 때는 특히 그렇다. 숨을 좀 돌리고 싶긴 하지만 그러려면 정해진 길에서 벗어나 인간의 삶이 불러일으키는 가장 큰 도전에 맞서야 한다. 바로 결핍감이다. 몇천 년 전에 이미 부처는 이것을 인간 고통의 원천으로 지목했다. 모든 상황에 씨앗을 뿌리는 불만족 또는 결핍을. 물론 이 말은 모든 것이 그 자체로 부정적이거나 고통의 원인이라는 의미가 아니라 모든 상황이 잠재적으로 결핍 또는 불만족의 원천이라는 뜻이다.

이를 블레즈 파스칼의 방식으로 달리 말하면 우리가 겪는 모든 불행은 친구들끼리 가만히 앉아 여름밤을 누리지 못한다는 사실에서 온다고 할 수 있다. 사진을 찍거나 트위터를 하지 않은 채 말이다. 물론 당신은 "공유하기 위해서다"라고 말할 것이다. 의도는 좋다. 그러나 그 장면을 잠시 느리게 돌려 보자. 저녁 8시 반이다. 당신은 친구들과 함께 테라스에 앉아 있다. 분위기도 흥겹고 주말이라 마음도 느긋하다. 모든 일이 더없이 근사하다. 그러나 겨우 몇 분이 흘렀을 뿐인데 어떤 부글거림이랄까, '좀이 쑤심' 혹은 권태가 느껴진다. 이런 감정은 도대체 어디서 올까? 우리는 무엇을 더 기다리는 것일까? 지금 이 순간에 무엇이 더해져야 할까? 무언가가 부족하다는 느낌이 도대체 왜 드는 걸까? 더 많은 소음, 음악, 술, 친구, 흥미로운 대화가 필요한 걸까?

원래 파스칼의 말은 이러하다. "인간이 겪는 모든 불행은 오직 한 가지 사실에서 온다. 방 안에서 휴식을 취하며 머물 줄 모른다는 것이다."[1] 이 문장은 부처가 말한 불만족 또는 결핍을 놀랍도록 잘 드러낸다. 아마 당신도 알 것이다. 배 속 혹은 태양신경총*에서 느껴지는 공허, 몰이해, 잠재적 두려움, 눈에 보이지 않는 위험 등 그 자체로 충분히 불쾌한 그 느낌을.

* 배꼽과 명치 사이에 위치하며 자율신경이 집중되어 있는 곳이다.

침묵을 길들이는 법

그렇다면 우리는 결핍에서 벗어나기 위해 어떻게 해야 할까? 첫 번째 해결책은 분주하게 움직이는 것이다. 여행을 떠나고, 극장에 가고, 열정적으로 연애에 뛰어들고, 아이를 낳고, 회사를 만든다. 모두 공허에서 벗어나기 위한 몸부림이다. 오락사회가 정착한 뒤 우리는 더욱 자기 자신 밖으로 향하게 되었다. 세상에서 일어나는 모든 일이 우리를 우리 자신에게서 멀어지게 하는 듯하다. 인간이 한순간이라도 멈춰 서서 침묵 가운데 자리하면 피할 길 없이 자신의 결핍과 맞대면해야 하기 때문이다. 무엇을 해야 하는지도 모른 채.

다행스럽게도 자신을 잘 모르는 사람들이 갈 수 있는 또 하나의 길이 있다. 바로 명상이다. 자신의 결핍과 마주하고 혼자 혹은 함께 앉아 명상을 한다. 이 명상법은 뒤에서 자세히 설명할 것이다.

이것이 명상의 열쇠이다. 결핍 속에 자리 잡고 앉는 일, 결핍과 함께 앉는 일은 감정이 영속적이지 않다는 원리에 토대를 두고 있다. 모든 것은 나타났다가 자연스럽게 사라진다. 감정도 함께 사라진다. 감정을 곱씹으며 키워

나가길 멈춘다면 말이다. 최근에 스탠퍼드대학에서 실시한 실험이 이 사실을 다시 입증했다. 연구팀은 지원자의 뇌에 활동 감지기를 부착한 뒤 두려움, 혐오, 애정을 불러일으키는 다양한 이미지를 보여 주었다. 그런 다음 실험 대상자들이 원래의 감정 상태로 돌아오는 데 시간이 어느 정도 걸리는지 측정했다. 어떤 결과가 나왔을까? 당신은 감정이 얼마나 오랫동안 지속된다고 생각하는가? 결과는 고작 몇 분이었다.

하지만 슬픔, 죄책감, 결핍감 같은 몇몇 감정은 더 오래 지속됐다. 왜냐하면 우리는 그러한 감정을 되새김질하고, 곱씹기 때문이다. 그저 관찰만 하는 감정, 즉 텅 빈 감정은 자연스럽게 나타났다 사라진다. 그 감정을 가만히 내버려 두고, 순간적인 존재를 받아들여 보라. 그러면 고요가 나타난다. 그 무엇도 지속되지 않는다는 중대한 사실을 깨닫고 나면 우리는 모두가 분주히 움직일 때 가만히 앉아 침묵을 길들일 수 있다.

문제는 관점이다

사실 침묵과 고독은 사이좋은 친구와 같다. 두 개의 목소리가 섞여 세 번째 목소리를 만들어 내고 그 소리가 무한히 뻗어 나간다.

혼자 있는 시간을 불가능한 꿈처럼 느끼는 사람이 있다. 나는 '혼자'라는 말을 아예 머릿속에서 지워 버린 전업주부를 생각한다. "혼자요? 혼자 가만히 앉아 책을 읽거나 음악을 듣는다고요? 네, 대학생 땐 그랬죠……." 또 다른 사람에게 고독은 무슨 수를 써서라도 피해야 할 감정이다. 우울해질까 봐 절대 자기 자신과 단둘이 마주하지 않으려 한다. 이런 사람들은 끊임없이 연애하고, 외출하고, 모임을 만든다. 홀로 텅 빈 아파트에 돌아오지 않으려고 무엇이든 한다.

언제나 그렇듯이 두 경우 모두 문제는 관점이다. 어떤 사람은 집에 들어와 문을 쾅 닫고, 신발을 벗고, 안도의 한숨을 내쉬며 행복한 마음으로 소파에 앉는다. 어떤 사람은 아이들을 학교에 데려다주고 잰걸음으로 집에 돌아오며 햇빛 속에서 홀로 고요를 음미하고 기쁨을 맛본다.

침묵은 고독 안에서 활동하길 아주 좋아한다. 우리는

'고독'이라는 말을 자기 자신과 다시 이어지는 느낌으로 이해한다. 가장 보드라운 우리의 내면과 이어지기 위해 공간과 시간을 갖는 느낌. 그러니 합의된 고독에 관해, 세상으로 다시 나아가기 전에 자신을 살찌울, 내면을 향한 편안한 방향 전환에 관해 말할 것이다. 일부러 자발적으로 고독을 찾을 때 우리는 더 빨리 배울 수 있다.

때로는 몇 시간 동안 '아무것도 하지 않는' 계획을 짜기만 해도 혼자 있는 법을 배울 수 있다. 나아가 참자아의 양지바른 기슭에, 우리가 상상하는 것보다 훨씬 풍요로운 기슭에 도달할 수 있다.

3R과 5C 법칙

3R과 5C 법칙이란 것이 있다. 나는 이 중요한 법칙을 친구에게 배웠다. 그녀 덕에 얼마나 웃었는지 모른다. 3R과 5C 법칙은 매우 간단하다. "반복하라(Répéter), 반복하라(Répéter), 반복하라(Répéter). 바보 같지만 그렇다(C'est Con mais C'est Comme Ça)!" 그 친구는 내가 테드 강연을 준비할 때 나를 도와주었다. 그때 우리는 반복하고, 반복하고, 반

복했다. 원하는 결과에 이르기 위해.

인간의 모든 지혜는 '반복하라' 한 문장으로 요약할 수 있다. 뇌는 반복을 통해 배운다. 어떤 동작이나 행위를 거듭하면 뉴런들 간의 접속이 강화된다.

이 책이 제시하는 훈련을 여러 차례 반복하면 당신의 뇌 지형이 달라질 것이다. 당신 내면에 자리 잡은 새로운 길이 차츰 넓어지고 길가에 꽃이 필 것이다. 그러나 그것이 전부는 아니다. 우리 마음은 '나무 모양'으로 작동한다. 이 말은 모든 것이 연결되어 있다는 뜻이다. 습관을 하나 바꾸면, 예컨대 하늘을 더 자주 바라보거나 복식호흡을 하거나 세상의 소리에 귀 기울이면 뇌 전체가 이 새로운 흐름을 받아들인다. 서로 맞물리는 시계의 톱니바퀴처럼, 하나가 쓰러지면 잇달아 넘어지는 도미노처럼. 아주 사소한 훈련이 지형을 모두 바꿔 버린다.

며칠 동안 침묵하면
내면이 정화되었음을 쉽게 확인할 수 있다.
모든 것이 한결 단순해져서 산은 흙더미로,
태풍은 봄바람으로 바뀐다.

2장

먼저 평온함 속에 들어선 사람들

이제 다른 세계를 발견하러 떠나 보자. 자각을 하든 못 하든 우리처럼 침묵을 수행하고 있는 다른 세계를. 침묵 수행에는 관찰하고, 배우고, 받아들일 점이 무수히 많다.

고양이 랄라와 몰입의 순간

매일 아침 잠에서 깨면 나는 함께 사는 두 마리 고양이에게 밥을 준다. 랄라와 마스터 요다. 식사가 끝나기 무섭게 두 녀석은 머리부터 발끝까지 정확한 순서에 따라 몸을 핥는다. 숙련된 요기도 부러워할 유연성을 발휘하며. 나는 아침마다 고양이들의 몸단장을 응시하면서 커피를 마신다. 꼭 원시 춤을 보는 것만 같다. 시간의 밑바닥에서 나온 느리고 야성적인 춤.

그들은 오롯이 그 순간의 행위에 몰입한다. 이따금 춤이 잠시 중단될 때가 있다. 어떤 소리가 그들의 관심을 끌 때. 하지만 그들은 이내 하던 일을 이어 간다. 그들의 움직임은 올림포스산처럼 고요하다. 모든 것이 그곳에 있다. 이렇게 이른 아침부터 고양이들이 보여 주는 춤은 최고의 선사(禪師)도 부인하지 않을 메시지를 발산한다. "몰입하라! 똑같은 집중력으로 네 일에 전념하라!"

'집중', 이것이 아마 고양이들이 몸단장할 때 몰입하는 태도를 규정하는 이상적인 말일 것이다. 그러나 이것이 전부는 아니다. 이따금 무사태평한 고양이들을 보면 그들의 삶이 전혀 다르게 느껴진다. 움직임이 나른해지고 스트레칭을 하거나 벽을 긁느라 몸단장이 중단되기도 한다. 시간이 느리게 흐른다. 녹색 눈에 검은 털을 가진 암고양이 랄라가 전문가다. 녀석은 그렇게 태평하다가도 그림자 하나 보일라치면 이내 털을 곤두세우고 침대에서 뛰어내린다. 물결치듯 움직이다가 드러누워 깊이 하품한다. 그야말로 평화로운 휴식 시간이다.

나의 자연스런 리듬 존중하기

선불교 스님 타이센 데시마루(Taisen Deshimaru)*는 서예 작품에 "때때로 휴식하는 건 유익하지 아니한가"라는 메시지를 자신만의 방식으로 이렇게 표현했다. 종이에 한자를 몇 자 적은 다음 한가운데에 졸고 있는 투실투실한 고양이를 한 마리 그린 것이다.

고양이 혹은 다른 동물과 시간을 보내면 자연을 더욱 유심히 관찰하게 된다. 자연은 우리에게 몰입과 느림, 자신의 자연스러운 리듬을 존중하라는 메시지를 전한다. 그러기 위해 숲속이나 산속에서 시간을 보내는 것은 대단히 유익하다. 시간이 달라지고, 침묵이 펼쳐지고, 표면 아래 침잠해 있던 것들이 모습을 드러낸다.

그러나 소위 '지하철-일-잠'이라는 광적인 리듬을 좇으며 살아갈 때는 이런 시간을 내기가 쉽지 않다. 그러면 어떻게 해야 할까? 우리의 고양이나 개를 더 탐구해 보면 어떨까? 만약 길동무를 두는 행운을 갖지 못했다면 책이

* 1914-1982, 일본의 선승으로 유럽에 선불교를 소개하고 유럽 곳곳에 도량을 세워 전파한 인물이다.

나 다른 미디어를 통해 동물의 삶을 들여다보는 것도 좋은 방법이다. 내 책장에는 꿀벌부터 돼지, 늑대까지 '동물의 삶'에 관한 책이 서른 권 정도 꽂혀 있다. 지식의 측면을 넘어서 동물은 우리를 흙으로 이끄는 안내인이다. 콘크리트 도시에서 개 혹은 고양이가 사는 야생 세계로 접근하는 일은 아마도 자연과 재결합하기 위한 첫걸음일 것이다. 계획해서 반드시 이뤄 내야 할, 자연과 우리의 재회를 향한 첫걸음.

> 한 알의 모래에서 우주를,
> 한 송이 들꽃에서 낙원을 보고
> 손바닥에 무한을,
> 시간 속에 영원을 담으라.
>
> — 윌리엄 블레이크, 「순수의 전조」

자기 자신을 비추는 등불이 되다

'선사의 고요'를 기막히게 묘사한 그림은 아마 이런 것이리라. 두건을 두르고 고개 숙인 승려들이 줄지어 선사 복도를 천천히 걸어가는, 고요와 장엄을 보여 주는 그림. 이 이미지는 우리에게 감탄과 영감을 준다. 그러나 불자로서 우리가 행하는 수행은 속세와 닿아 있기 때문에 이와 전혀 다른 분위기를 풍긴다. 우리 사찰은 대중에게, 무엇보다 남녀 모두에게 열려 있다. 건물이 매우 현대적이고, 복장도 자유로운 편이며, 느림은 휴일에만 누릴 수 있다.

그럼에도 동트기 전 침대에서 나와 사찰 곳곳에 놓인 제단 위에 신선한 냉수를 올리다 보면 수 세기 동안 어둠 속에서 수행해 온, 오늘날도 여전히 수행하고 있는 모든 비구와 비구니가 떠올라 가슴이 뭉클하다. 이른 아침, 아직 어둠이 나무를 하나하나 감싸고 있을 때 나는 나보다 앞서 걸어간 열정적인 고대 신비주의자들의 존재를 손으로 더듬으며 인적 없는 산책로를 걷는다. 시간을 벗어난 마법 같은 순간이다. 절대를 찾는 사람과 사람 사이로 이어져 온 끈이 오늘 아침까지도 눈에 보이지 않는 어떤 직물을 짜고 있다. 기도와 신비로 이루어진 직물이다.

종교적인 신비를 언급했다고 너무 겁내지 마시라. 수행은 속세에 맞춰 조정할 수 있다. 달리 말해 신비는 임의 선택이다. 내 경우에 신비는 영적인 삶을 비옥하게 만든 토양이었다. 그러나 많은 동료, 비구와 비구니가 똑같이 존중받을 만하지만 훨씬 더 속세적인 전망을 갖고 있다. 불교의 영성은 그것을 끌어안는 사람에게 맞춰진다. 부처는 이것을 다음과 같이 표현했다. "자신을 비추는 등불이 되어라." 오늘날엔 이렇게 말할 수 있을 것이다. "어떻게 보느냐는 자기 자신에게 달렸다."

바로, 지금, 여기

우리는 안거를 통해 참선이라 부르는 명상의 기초를 발견할 수 있다. 부처가 위풍당당한 나무 아래에서 깨달음에 이른 것도 이 수행 덕이다. 몇천 년이 흐른 오늘날 전 세계에서 수많은 사람이 참선과 좌선을 한다. 명상은 1960년대에 유럽과 미국으로 건너오면서 새로운 바람을 만났다. 마치 꽃가루가 사방으로 날아가듯이.

절제되지 않은 일상의 열광에 사로잡힌 사람들에겐 침묵과 소박함이 필요하다. 요즘에 명상 안거에 등록하는 사람이 많다. 그들은 안거를 통해 타인을 향한 관심,

몰입과 이타주의로 에워싸인 절제되고 조용한 생활을 찾는다.

그렇다면 안거는 구체적으로 어떻게 이루어질까? 모든 일과는 새벽 여섯 시경에 시작한다. 승려가 빠른 걸음으로 건물을 돌아다니며 종을 울린다. 기상 시간임을 알리는 것이다. 사람들은 명상 장소인 선방으로 이동한다. 모두가 정해진 일과표를 지켜야 한다. 일찍 일어날까 말까 고민할 필요가 없다. 아침 명상에는 반드시 참석해야 하기 때문이다. 밤이 낮에 자리를 내주며 풍경의 윤곽이 서서히 드러나는 마법 같은 시간에 명상을 진행한다.

초보 수행자는 전날 저녁에 도착하자마자 '입문'을 책임지고 있는 스님에게 세심한 설명을 들었을 것이다. 선의 세계로 뛰어드는 첫 입수!

수행자를 돕기 위해 큰 종을 2분 간격으로 울려 아침 명상에 리듬을 더한다. 종소리는 매번 이곳저곳으로 배회하는 생각을 끌어와 몰입으로 이끈다. 사실 몰입이 중요하다. 마음이 흐트러져 다시 꿈속으로 떠나거나, 현재 순간에서 멀어져 자신이 어디 있는지 알지 못하거나, 몸을 자각하지 못할 때 종소리가 소집 명령처럼 낮고 깊게 울린다. 명상은 바로 지금, 여기, 여명 속에서 이루어진다.

몸과 마음을 정화하는 시간

하루 일과도 아침 명상과 마찬가지다. 일과표가 몸으로, 현재 순간으로 돌아가도록 짜여 있다. 예컨대 식사는 침묵 속에서 이루어진다. 친구들과 식사할 때 같은 흥겨운 분위기는 없지만 음식을 맛보고 음미하는 법을 배울 수 있다. 친환경으로 재배한 곡물과 채소로 만든 음식 앞에 앉아 이 음식을 이곳까지 오게 한 모든 조건에 감사한다. 우리는 이해관계를 떠나 태양, 비, 농부, 요리사를 떠올린다. 이 사찰 음식이 탄생하는 데 기여한 모든 요소가 끝없이 이어진다. 또한 배고플 때 먹지 못하는 사람들을 생각하고, 이 식사가 주는 에너지를 충분히 사용할 수 있게 해 달라고 기원한다.

안거일 동안 침묵은 중요한 요소다. 완전히 침묵하는 수행자도 있지만 대개는 일정한 때에만 꽤 길게 침묵한다. 침묵 시간과 이야기를 나누는 교류 시간이 번갈아 이어진다. 이런 과정은 조화로운 일과에 리듬을 붙여 초심

자들이 안거에 조금 더 쉽게 다가갈 수 있도록 돕는다. 안거가 이어지면서 일정의 강도가 점점 세지고, 명상하기 어려워지고, 개인적인 시간이 점점 줄어든다. 따라서 이런 교류 시간은 일종의 휴식과 같다. 자신의 한계를 뛰어넘기 위해 원기를 회복하는 시간이다. 말하자면 중도의 길인 셈이다!

더 숙련된 수행자가 참가하는 완전한 묵언 안거도 1년에 몇 차례 이루어진다. 나는 개인적으로 이런 고요의 나날을 높게 평가한다. 티베트의 기(氣) 이론에 따르면 말이 완전히 부재하면 '미세혈관이 맑아진다'고 한다. 입 밖으로 꺼내지 않은 말과 생각은 조건 없이 사라진다. 그리고 몸과 마음이 정화된다. 며칠 동안 침묵하면 내면이 정화되었음을 쉽게 확인할 수 있다. 모든 것이 한결 단순해져서 산은 흙더미로, 태풍은 봄바람으로 바뀐다. 모두 침묵 덕이다. 침묵하면 머리를 거치지 않고 직접 접촉함으로써 사물과 함께한다. 안거 동안 우리는 침묵 속에서 종소리가 우리 몸을 관통하는 감각을 느낀다. 그리고 눈 속에서 파닥이는 새의 세심한 움직임을 처음으로 알아차린다.

세상의 윤곽이 명확해지다

3일 동안 안거하고 나면 대부분 "눈을 떴다"고 말한다. 시력을, 불교 용어로 '심안(心眼)'을 되찾았다는 말이다. 대단한 사건이다! 안거 동안 하는 일은 아주 단순하다. 앉고, 먹고, 감사하고, 채소를 썰고, 잠을 자는 것……. 그런데 세상의 윤곽이 명확해진다. 전반적으로 더 짜임새 있고 밝아진다. 세상이 변한 게 아니라 수행자가 감동하는 능력을 되찾기 때문이다. 수행자들의 얼굴이 바로 그 증거다. 어떤 이들은 얼굴에 짙은 그늘을 드리운 채 굳은 몸을 이끌고 사찰을 찾는다. 하지만 수행을 끝내고 사찰을 떠나기 전에 찍은 사진을 보면 얼굴빛이 환하고, 눈이 빛나고, 이목구비가 편안하다.

솔직히 말해 접심(接心), 즉 마음을 모아 흔들림 없이 수행하기란 몹시 어려운 일이다. 오랫동안 한 자세로 앉아 있으면 몸이 저리고, 온갖 감정이 우리를 관통한다. 평온한 기쁨은 그림자가 지나간 뒤에야 비로소 맛볼 수 있다. 안거는 '영웅의 여행'을 닮았다. 모두에게 시련이, 맞서 싸워야 할 용이, 전투가, 구해야 할 공주나 왕자가 있을 것이다. 이 모든 과정을 겪고 나면 마침내 기사의 이마 위에 월계관이 씌워진다.

스트라스부르에 자리 잡은 어느 카페에 앉아 이 글을 쓰고 있을 때 누군가의 대화 소리가 들려왔다. 어떤 가족이 몇 미터 떨어진 곳에 자리 잡고 앉아 타르트 플랑베를 먹고 있었다. 할아버지, 어머니, 10대 아들이었다. 할아버지는 딸의 휴대전화를 들고 통화했다. "그렇잖아도 네 생각을 하고 있었단다. 지금 타르트 플랑베를 먹으며 네 생각을 하고 있었어. 눈이 와, 스노타이어는 있냐?" 이 대화를 듣고 나는 감동했다. 인간의 감탄 능력은 사라지지 않는다. 안거 때 우리가 되찾는 건 이러한 즉각적인 다정함이다.

흘러가는 시간 속에서 평화를

1999년 사찰이 세워졌을 때부터 줄곧 이곳에서 지내는 사람들이 있다. 우리는 자신의 일상을 다른 수행자와 공유하며 살아간다. 아침부터 저녁까지 유쾌한 얼굴, 찌푸린 얼굴을 마주해야 하기 때문에 외교술을 배워 두면 큰 도움이 된다. 특히 침묵하는 법을 배우면 좋다. 아마 처음에 우리는 치기 어린 열의를 가지고 모든 걸 털어놓고, 상대를 바꾸려 하고, 나아가 우리의 이상이 돋보일 만한 전략을 세우려 했을 것이다. 공동체가 만들어질 때 겪는 이런 시행착오의 시간 동안 우리는 오래 말하고, 의견을 교환하고, 불평하고, 있는 대로 머리를 부딪쳤다. 며칠 동안 토라져 하찮은 불만을 무한히 곱씹기도 했다. 지금과 같은 지혜를 그때도 갖고 있었다면 시간을 낭비하지 않기 위해 무시하고 외면했을 불만이었다.

이러한 세월을 보내고 경험을 쌓으면서 우리는 '유익한' 갈등이 드물다는 사실을 알게 되었다. 그 결과 비구와 비구니들은 화합을 가져다주는 합의된 침묵 속에서 지낸다. 물론 주간회의가 있어 이런저런 문제를 제기하고, 새 그릇을 사거나 서비스 방식을 바꾸는 일에 관해 의견을 교환하고, 이따금 심신이 지쳤을 때 감정을 폭발시키기도 한다. 그러나 이런 일이 생기더라도 갈등은 침묵 속에서 금세 가라앉으며, 무엇보다 빨리 잊힌다. 따라서 모두가 말하지 않으려고 매일 노력한다. 비난, 개인적인 걱정, 채식으로 인한 기력 쇠진을 토로하지 않는다. 사찰이 품고 있는 전반적인 분위기가, 매주 새로 들어오는 수행자들이 우리의 이런 조심성을 격려한다.

이러한 행동 방식은 사태를 훨씬 빨리 가라앉힌다. 우리는 갈등이 지나가길 기다린다. 명상하는 동안 생각과 감정이 지나가길 기다리듯이. 역사가, 함께한 모든 세월이 이를 증명한다. 이는 세상에 영원한 것은 하나도 없다는 사실과 상황이 갖는 자정 능력을 믿는 일이다. 아마도 나는 대부분의 비구 또는 비구니와 '말다툼'했을 것이다. 어느 순간, 세상을 바라보는 우리의 시각이 정면으로 부딪쳤고, 어느 쪽도 방어 태세를 늦추지 않았다. 이런 상황은 장미가 시들 때만큼이나 짧은 순간 지속되었다. 그러나 매번 화해하고 싶다는 마음이 일거나 시간이 흐르면서 자연스레 화해하게 되었다. 이런 사실을 확인하는 것 자체가 더없이 소중하다. 함께 사는 법을 배울 수 있다는 사실!

그렇지만 침묵의 규칙은 절대적이지 않으며, 사찰에는 필요한 경우 말할 수 있는 공간이 얼마든지 있다. 짐이 너무 무거울 때는 이따금 '가방을 비우는' 것도 좋은 방법이다. 이를테면 주지스님과 개별 면담을 할 땐 자유롭게 말할 수 있다. 그럴 때 말은 마치 해방된 자유인처럼 방 안에 머물고, 수행자는 대개 가져온 문제를 잊고 가벼운 마음으로 방을 나선다.

소리가 사라지면 드러나는 것

남녀노소, 다양한 계층에 속한 사람이 사찰에 머문다. 사찰은 밖에선 마주치기 어려웠을 우주의 만남을 허용한다. 예컨대 요즘 류몬지 사찰에는 색소폰을 가르치는 사람, 세상 곳곳을 돌아다닌 여행자, 비서, 간호사, 보조 교사, 배관공, 심리학을 전공하는 학생, 여배우, 수학자, 소프트웨어 개발자, 마약 정보 서비스 신고 전화 담당자, 회사 대표, 농산물 가공 기계 판매원, 영화 더빙 성우가 머물고 있다.

대단한 바벨탑이다! 그러나 만남은 이름표, 즉 사회적 역할의 차원이 아니라 명상과 영적인 가치의 차원에서 이루어진다. 가끔씩 각자가 걸어온 삶을 짧게 언급하기도 하지만 우리는 일상의 행동을 통해 타인을 알아 가는 법을 배운다. 말이 아닌 행동과 태도를 통해서. 이런 식으로 우리는 서로 존중할 만한 참된 친밀감을 기른다. 조금만 관심을 기울이면 자신의 한계와 약점을 알고 상대를 존중하는 법을 배워 갈 수 있다. 이런 관계 맺기는 말하지 않고도 사람들 사이에 호의적인 반응을 불러일으켜 진정한 연대 의식, 영적인 공동체 의식을 끌어낸다.

우리는 머물고 있는 장소를 잊는다. 우리 몸을 잊는다.
아니, 몸을 가졌다는 감각을 잃는다.
우리는 가상현실에 붙들린다.
커다랗게 뜬 눈 속으로 세상이 만들어 낸 공포가
걸러지지 않은 채 쏟아져 들어온다.

3장 눈의 침묵 : 진짜 내 삶을 살아가는 연습

몇 년 전에 나는 스트라스부르의 유명한 대성당에서 조금 떨어진 곳, 도심을 가로지르며 느릿느릿 흐르는 강과 아주 가까운 곳에 살았다. 오래된 집들, 햇살이 비칠라치면 학생이 점점이 나와 앉는 강둑, 강가에 자리 잡은 술집……. 이 모두가 아주 기분 좋은 보헤미안 분위기를 자아냈다.

어느 날 그곳에서 나는 한 가지 사실을 의식했다. 너무도 익숙해서 그 존재조차 잊어버린 것. 그것은 바로 시각적 오염이다. 집에서 나오면 내 발은 오른쪽이나 왼쪽으로 향한다. 눈길은 어쩔 수 없이 가게, 광고판, 밤낮으로 불이 켜진 간판 따위에 이끌린다. 사방팔방으로 끊임없이 날아다니며 잠재의식을 겨냥하는 메시지는 이렇게 요약할 수 있다. "우리를 소비하세요." "우리를 사세요." "우리를 가져가세요!" 커다란 눈으로 쏘아보며 내게 최면을 거는 수천 마리 뱀에게 사로잡힌 느낌이었다. 이런 환경 속에서 집중력을 잃지 않고 현재 순간에 머물러 있기란 대단히 어렵다.

소비가 행복의 원천이라고 말하는 단세포적인 전제는 차치하더라도, 무엇보다 수많은 광고물은 나를 끊임없이 '나 자신 밖으로' 내보낸다. 모든 간판이 시각을 자극함으로써 뇌에 자리 잡으려 든다. '좋아.' '아냐.' '나중에.' '안 될 게 뭐야.' 광고를 볼 때마다 내 안에서 똑같은 일이 일어난다. 눈 깜짝할 새 내 뇌는 그 정보를 어떻게 할지 결정해야 한다. 휴대전화를 바꿀 때가 되지 않았는지 자문하거나, 갖고 있는 휴대전화의 상태와 성능을 평가하거나, 다른 요금제를 고려하거나. 대개 이 모든 일이 완전히 무의식적으로 이루어진다.

구체적으로 살펴보면, 나는 현재의 분위기를 음미하며 조용히 도시를 활보하는 대신 광고판이나 진열창과 연결된 보이지 않는 필라멘트에 묶인 것처럼 기계적으로 나아간다. 소비 최면이 가진 긍정적인 점은 한결같다. 기분 전환. 꿈과 상상의 세계로 달아남으로써 혹시 모를 현실의 갈등과 맞대면할 일을 피하는 것. 그러나 영적인 스승들이 비극이라 말하는 소비 최면의 부정적인 점은 이것이다. 동그랗게 뜬 눈이 걸음을 인도하도록 내맡긴 채 나는 로봇이 되어 버렸다는 것.

눈은 늘 무언가를 보고 있다

그것이 전부가 아니다. 우리는 집 안에서도 집 밖에서도, 도시에서도 시골에서도 눈에 보이지 않는 그물에 걸려 있다. 온갖 종류의 스크린으로 짠 그물이다. 역설적인 것은 우리가 그물에 걸린 파리이자 그물을 치는 거미라는 사실이다. 우리는 스스로 만든, 적어도 기꺼이 자본을 댄 거미줄의 자발적인 포로다. 인터넷, 스마트폰, 태블릿 또는 다른 디지털 장난감에 찬성하거나 반대하려는 것이 아니다. 월드와이드웹에 연결된 노트북으로 이 글을 쓰면서 현대 문명을 거부하고 석기시대로 돌아가자고 외친다면 위선일 것이다.

우리가 추구하는 영적 혹은 철학적인 길은 오히려 실용적인 방향으로 나아간다. 상황을 회피하지 않고 상황 속에서 배우는 것. 달리 말하면 '있는 그대로의 현실을 어떻게 대해야 할 것인가'다.

나는 현실에서 살고 있을까?

이런 의문이 든다. 우리가 온종일 무의식적으로 이 스크린에서 저 스크린으로, 태블릿에서 휴대전화를 거쳐 텔레비전으로 시선을 옮길 때 무슨 일이 일어나는 걸까? 다양한 일이 일어난다. 이를테면 우리는 머물고 있는 장소를 잊는다. 우리 몸을 잊는다. 아니, 몸을 가졌다는 감각을 잃는다. 우리는 가상현실에 붙들린다. 그 현실은 우리를 채워 주기는커녕 우리가 가진 결핍과 정서적 취약점을 되살린다. 커다랗게 뜬 눈 속으로 세상이 만들어 낸 공포가 걸러지지 않은 채 쏟아져 들어온다.

이렇듯 곳곳을 점령한 스크린은 많은 사람의 마음에 '흥분'을 불러일으킨다. 이메일, 트위터, 인스타그램, 페이스북, 스냅챗을 통해 메시지가 쉬지 않고 쏟아진다. 메시지는 관계망 속에 자리 잡으려면, 어떤 무리에 속했다는 소속감 혹은 특별한 인물이 되었다는 착각을 유지하려면 즉각 반응해야 한다고 속삭인다. 게다가 평범한 뇌의 기능을 고려해 볼 때 처리되지 않은 정보는 마치 대기줄에 선 것처럼 '보류 상태'로 머물다 폭발하고 만다.

구체적인 예를 들어 보자. 이 글을 쓰고 있는 지금, 메신저에서 빨간 불이 반짝이며 새 이메일이 도착했음을 알린다. 나는 무의식적으로 메신저를 열고 급한 이메일을 확인한다. 국제선협회에서 보낸 것으로 지난 하안거 때 찍은 사진을 가능한 한 빨리 보내 달라는 내용이다. 나는 사진을 보내야 한다는 사실에 마음이 팔린 채 다시 글을 쓴다. 비슷한 일을 열 번쯤 겪고 나면 '나중에 보기 위해 기억해 두어야 할 목록'에 흥미로운 비디오가 스무 편쯤, 명상에 관한 정보를 요청하는 메시지가 서른 개쯤 담기면서 내 뇌는 포화 상태에 이른다!

이런 일들은 하나같이 우리를 우리 자신 밖으로 끌어낸다. 작든 크든, 모든 스크린은 현혹 능력이 탁월하다. 스크린은 매우 단련된 선사(禪師)의 관심까지 사로잡을 수 있다. 그야말로 강력하다!

시선을 제어하라

빛 공해와 스크린의 공격은 우리를 외부로 물어 간다는 공통점을 갖고 있다. 우리를 물어 가 결핍감이나 잠재적인 불만족, 항구적인 내면의 '들뜸'을 삶에 새겨 넣는다. 그러면 우리 마음은 '과열 상태' 또는 '스트레스 상태'가 된다. 내적 불안을 해소할 마법 같은 해결책을 외부에서 찾기 때문이다.

다행히 이러한 마음을 단 몇 분 만에 가라앉힐 수 있다. 사실 빛을 받아들이는 건 눈이다. 눈의 긴장을 풀고 시선 제어법을 터득해 자신을 통제할 수 있는 힘을 되찾아 오면 된다.

도시를 활보하는 방식은 여러 가지가 있다. 나는 평소 속도로 걸으며 명상하는 형태를 제안하고자 한다. 이때 길잡이로 삼아야 할 생각은 눈을 되찾아 뇌를 통제할 권리를 되찾자는 것. 그렇게 되면 당신은 몇 분 만에 온갖 광고에서 벗어나 걷기의 이점을 누리고 마음의 평온을 얻을 것이다.

이 훈련은 어디서든 할 수 있다. 도시에서 산책할 기회는 많을 테니까. 하지만 우리를 현실과 다시 묶는 새로운 행동을 습관으로 자리 잡게 하려면 최대한 자주 하는 게 좋다.

1. 먼저 집에서 나올 때부터 눈을 되찾겠다고 결심하라. 예컨대 눈을 되찾았을 때 얻을 수 있는 놀라운 이점을 떠올리거나 속으로 결연하게 '나는 로봇이 아니야!'를 외치며. 어떤가? 의욕이 솟구치지 않는가?
2. 눈을 가라앉히고 걷는다. 의도적으로 눈의 방향을 제어하는 것이다. 당신이 어디를 보는지 정확하게 인식하고 시선을 옮긴다. 광고물, 진열창, 사람 등 어떤 광경에서 눈을 돌릴지 의식적으로 선택한다.
3. 전통적으로 이러한 수행을 '몰입'이라고 부른다. 물론 몰입에는 훈련이 필요하다.
4. 걸을 때 규칙적인 간격을 두고 5분씩 이 훈련을 하라. 주의력이 흐트러지는 순간과 당신의 시선을 다른 곳으로 이끄는 무엇을 관찰하라. 무엇이 당신을 '무는지' 의식하는 일은 매우 유익하다. 아무것도 판단하지 않은 채, 판단 밖에서 자신을 이해하는 멋진 수단이다.
5. 처음에는 이 훈련이 어려울 수 있다. 도시에서 명상하는 다른 수행자들처럼 마음이 달아나는 속도를 확인하면

특히 더 그렇다. 당연한 일이니 안심하라! 몰입은 조금 만 신경 쓰면 금세 터득할 수 있다.

6. 훈련 초반에는 아래를 보려고 애써라. 시선을 가라앉히는 데 도움이 된다. 아래쪽에 놓인 것들은 훨씬 덜 흥미로울 테니까. 걸을 때 몇 미터 앞에 놓인 바닥을 바라보는 행위는 시각적인 유혹을 끊고, 자기 자신과 더 쉽게 만나도록 돕는다.

생각이 기분을 바꾼다

우리가 매 순간 경험하듯이 몸은 마음에 영향을 미치고, 마음 역시 몸에 영향을 미친다. 별것 아닌 듯하지만 이 사실은 자기계발이나 영성 훈련처럼 삶을 탐구하는 데 있어 본질적인 요소다. 예컨대 인도의 요기나 일본의 슈겐도* 수행자는 몸에 집중함으로써 현실에 관한 직관적인 앎을 깊이 탐구한다. 어떤 이는 흠결 없는 몰입을 통해 불을 피워 보이고 맨발로 눈밭에 머문다. 또 어떤 이는 얼

* 불교의 종파로 산악신앙의 한 형태.

음장 같은 폭포수 아래 앉아 비범한 정신력을 수련한다.

생각이 몸에 미치는 힘을 예시하며 그 힘을 합당하게 사용하라고 권하는 이런 이야기가 있다. 영국에서 한 남자가 청소를 하려고 냉동 트럭에 올랐다. 그런데 실수로 그만 문이 잠기고 트럭은 안에 남자를 실은 채 출발해 유럽을 가로지른다. 세비야에 도착해 트럭 문을 연 운전사는 얼어 죽은 남자의 시신을 발견한다. 이 이야기의 교훈은 바로 이것이다. 트럭의 냉동 시스템이 고장 나 있었다는 것!

이렇듯 정신은 몸의 상태에도 영향을 미친다. 따라서 정신을 이용해 몸이 느끼는 그 순간의 기분을 금세 바꿀 수 있다.

이제부터 이야기할 눈을 끌어들이는 훈련은 보기보다 단순하지 않다. 그러나 매우 본질적이고 중요한 훈련이다. 앞으로 50년 동안 훈련하면 매번 다른 걸 발견할 수 있을 것이다. 이 훈련은 완전한 이완을 가져다준다. 또한 순간의 내적인 상태를 즉각 점검하게 해 준다. 이 훈련은 옛 영성 책자에도 이미 묘사되어 있다. 수천 년 된 지혜를 담은 이 수련은 다른 지각의 문을 열어 줄 것이다. 시인들이 한껏 찬미한 문 말이다.

매일 낮이
매일 밤 속에 떨어지면
빛이 갇힌 우물이 생긴다.
캄캄한 우물가에 앉아
참고 기다려야 그곳에 빠진 빛을
낚을 수 있다.

— 파블로 네루다, 『떨어진 장미 그리고 다른 시들(La Rose détachée et autres poèmes)』(1960)

자, 이제 신비로 가득 찬 정원의 문을 열 준비가 되었는가?

눈에 휴식을 선물하기

— 컴퓨터를 끄고 가만히 앉을 것. 새로운 세계로 떠나는 탐험가처럼 의욕과 활기가 넘치는 곧은 자세를 취할 것. 땅과 접촉함으로써 몸을 확장한다는 생각으로 두 발을 바닥에 붙일 것.

— 시선은 비스듬히 아래쪽에 두고 몇 미터 앞을 주시할 것.
— 눈 근육이 서서히 진정될 때까지 기다릴 것. 눈꺼풀, 눈 주변, 눈 뒤쪽까지. 처음에는 눈 주위에서 큰 긴장을 느낄 것이다. 강도 높은 정신 활동을 하며 생긴 긴장이다. 자연스러운 현상이니 괜찮다. 의식만 하면 된다. 다음 단계로 나아가려면 반드시 거쳐야 할 과정이다.
— 몇 분이 지나면 시선은 긴장을 풀 것이다. 뺨 근육이, 얼굴 전체가 이완된다. 어떤 표현도 의지도 없이, 한쪽으로 치우치지 않는 마음가짐을 가질 것.

눈은 우리가 '포획' 혹은 '무언가를 획득하려는 의지'라고 부르는 것과 연결되어 있다. 우리 삶에 투명한 무늬로 존재하는 에너지다. 예컨대 우리는 휴가지에서 이 '포획'의 힘을 확인할 수 있다. 당신은 엄청난 휴가비를 감당하기 위해 여러 달 동안 일했다. 푸른 바다를 마주한 채 부드러운 모래 해변에 드러누워 행복에 젖을 순간을 꿈꿔왔다. 드디어 그 순간을 누릴 때다! 수건을 깔고 앉아 반짝이는 바다를 바라본다. 그런데 행복은 오래가지 않는다. 행복을 맛본 지 얼마 지나지 않아 우리의 뇌는 다른 무언가를 찾으려고 들썩인다. 날씨가 너무 덥고, 모래 때문에 살갗이 따갑고, 목이 마르고, 인스타그램에 올릴 사진을 찍어야 할 것 같고, 깜박 잊고 선글라스를 안 가져왔고, 물에 들어가고 싶고, 상어가 나타날까 겁이 난다. 일종의 영원한 불만족, 불안, 결핍이 나타난다.

그러면 그 불안을 가라앉히기 위해 포획 의지가, 내 것으로 만들고자 하는 의지가, 이동과 변화의 의지가 생겨난다. 우리는 자세를 바꾸고, 칵테일을 주문하고, 수건 위에 누인 몸을 뒤척이고, 물에 뛰어들고, 주변을 두리번거리며 기분을 전환한다. 이 모든 과정에서 눈이 핵심적인 역할을 한다. 우리가 밖에서 무언가를 찾을 때마다 눈이 수축한다. 내부에서 끓어오르는 불안을 해결하기 위해 외부 세계를 방황할 때 미세하지만 분명하게 긴장한다.

한마디로 요약해 내적 긴장을 가라앉히려면 눈의 긴장을 풀기만 하면 된다! 이 훈련은 너무 간단해서 훈련법을 듣고 난 뒤 독자가 보일 반응을 상상하기가 두렵다. "아니, 누굴 놀리는 거야! 그저 눈의 긴장만 풀면 모든 문제가 해결된다고?" 불평하는 소리가 들려오는 듯하다. 그렇지만 이런 사실을 자각하는 것이 관점을 크게 바꿔 놓을 수 있다. 잠시 고요가 머물기 때문이다. 시도해 보라!

비우면 평온해진다

10여 년 전, 일본에서 안거에 들었을 때 나는 버리는 법, 특히 그것이 안겨 주는 평온을 깨닫고 깜짝 놀랐다. 나고야 사찰에서의 생활은 더없이 혹독했다. 난방도 되지 않고, 층마다 찬물만 나왔으며, 여러 사람과 한데 뒤섞여 지내야 했다. 어린 비구니들은 선(禪)을 수행함에도 나를 궁지로 내모는 재주가 있었다. 나는 아침부터 저녁까지 해야 할 일에 떠밀린 채 방해가 되지 않으려 주의하면서 복도를 내달렸다. 교육이 대개 일본어로 이루어졌기 때문에 나는 영문도 모른 채 왔다 갔다 하기 일쑤였다. 그러나 그곳에서 뿜어져 나오는 심오한 지혜의 마법이 모든 시련을 이겨 내게 해 주었다.

어느 날 오후, 한 비구니가 나를 개인 다실(茶室)로 데려갔다. 여든 살인 아오야마 스님이 고명한 손님들을 맞이하는 곳이었다. 나는 그 방을 말끔히 청소하는 일을 맡았다. 더없이 귀한 보석을 닦듯 걸레질에 몰입했다. 몇 분 뒤 닦고 있던 탁자에서 눈을 뗐을 때 1.8미터 높이에 넓이가 60센티미터쯤 되는 벽감이 코앞에 보였다. 자비의 신인 관세음보살 조각상이 하나 놓였을 뿐 벽감은 텅 비어 있었다. 조각상은 고운 자태로 누워 하늘을 향해 부드럽게 기지개를 켜고 있었다. 보살상은 아주 작았지만 사방으로 온화한 빛을 발산하고 있었다. 그 다실에는 다른 장식품이 없었다. 벽 안으로 움푹 들어간 벽감 그리고 그 큰 벽감 속에 자리 잡은 작은 조각상 외엔 아무것도 없었다. 나는 비밀스런 가르침에 다다른 것 같았다. 볼 줄 아는 사람에게만 가닿는 가르침, 빈 공간이 가진 평온한 아름다움이 주는 가르침을.

몇 세기 전부터 일본 예술은 선 전통에서 영감을 받은 미니멀리즘 속에 자리 잡고 있다. 장식과 주변 환경이 마음 상태에 즉각 효과를 미친다는 사실을 깨달으면 시각적인 자극을 없애고 눈을 차분히 가라앉히기 위해 주변에서 영감 받지 못할 이유가 어디 있겠는가? 물건을 정리하고, 비우고, 버리는 것 혹은 더 이상 필요하지 않은 물건을 주거나 되팔거나 기부하는 건 어떨까? 합의된 비움, 지혜 및 평온과 동의어로서의 비움 속에서 열린 공간은 다시금 제 날개를 펼치고, 우리도 우리 본연의 날개를 펼칠 수 있을 것이다.

생각이 그냥 지나가게 두라고?

명상 수행을 막 시작했을 때 여러 사람이 내게 자세와 호흡, 생각에 관해 서로 다른 이야기를 들려주었다. 그중에서도 가장 많이 들은 말이 "생각을 하늘의 조각구름처럼 흘러가게 하라"는 것이었다. 이 말은 언제 들어도 당황스러웠다. 명상을 시작한 초기에 내 생각은 작고 부드러운 양 떼보다는 거대하게 몰려드는 먹구름을 닮아서 아주 난감했다. 무엇보다 나는 중요한 두 가지 의문에 답을 찾지 못한 상태였다. 대체 생각이라는 게 뭘까? 어떻게 해야 생각을 '흘러가게' 할 수 있을까?

오랜 시간 수행하며 나는 스승님이 "생각이 나타나면 개입하지 말고 그냥 지나가게 두세요"라고 말할 때마다 투덜대는 자신을 발견했다. 펑크족 같은 마음속 목소리가 이렇게 말했다. "알았어요, 알았다고요! 그런데 어떻게 말입니까!" 나는 전문 불평꾼이 되기 전에 이 문제를 진지하게 연구해야겠다고 생각했다. 신경과학과 의식의 양상에 관한 최근 연구뿐 아니라 최면 같은 변형된 의식 상태의 프리즘을 통해. 나는 파리의 아르슈 아카데미에서 최면 치료를 배우며 '생각'의 단순한 분류법을 알았고,

그것이 명상 수행을 아주 수월하게 해 주었다.

"쉿, 카메라 돌아갑니다!"

불교에서는 생각을 '마음의 사물'이라고도 부른다. 생각을 사물처럼, 자신에게서 조금 떨어뜨려 놓고 연구할 수 있는 무엇처럼 묘사한 것이다. 마음속 내용을 사물화하면 관찰하기가 한결 쉬워진다. 기술적인 용어로는 '메타인지'라고 한다. 불교에서는 '생각하는 주체가 없는 생각'이라는 불가사의한 가정을 통해 이러한 개념을 더 멀리까지 확장한다. 최근에 진척된 뇌 과학 연구 결과로 미루어 볼 때 사실에 매우 가까워진 가설이다. 최근 연구 결과는 "그렇다면 의식은 어디서 오는가?"라는 질문에 "모르겠다"고 답한다.

말하자면 문제는 '생각이라는 말을 어떻게 이해할까?' 혹은 '내 머릿속에 무엇이 있을까?' 하는 것이다. 도식적으로 말하면 생각은 세 가지 형태를 띤다. 이미지, 소리 그리고 물리적인 감각.

눈의 침묵이라는 주제를 다루는 이번 장에서 우리가

관심을 가진 건 이미지다. 우리가 어떤 일을 성찰하거나 횡설수설한 마음을 가만히 내버려 둘 때 대개 시각적 표상이 작동한다. 마치 내면에서 작은 영화가 자동으로 시작하는 것 같다. 우리는 하나의 이미지에서 겉보기에 아무런 연관이 없는 다른 이미지로 건너갈 수 있다. 장 볼 물건, 평소 어슬렁거리는 상점 안 통로를 떠올리다가 눈 깜짝할 새 오후 일정을 생각하고, 다시 자동차 정비소에 맡겨야 할 차를 떠올린다. 이것만으로도 충분히 뒤죽박죽이지만 이는 빙산의 일각에 불과하다. 조금 더 몰두해서 생각을 관찰해 보면 시각적인 생각은 파편을, 아주 빠르게 지나가는 번개 같은 이미지를 닮았다. 빛이나 무대 플래시, 연이은 이미지, 기억 등등. 이런 시각적인 생각은 시각예술을 비롯한 기획, 장식, 요리 등 다양한 영역에서 창의성으로 드러난다.

다음 장에서 이야기하겠지만 생각은 청각의 형태를 띨 수도 있다. 그럴 경우 생각은 뇌에서 성찰하는 소리이거나 내적인 대화의 영원한 울림 같은 것이어서 '머릿속의 작은 목소리'라 불린다. 이 내적인 대화가 자유로이 펼쳐지는 순간에 관해선 할 이야기가 아주 많다.

마지막으로 '마음의 사물' 혹은 '창공의 조각구름'처럼 펼쳐지는 생각이 띨 수 있는 세 번째 형태는 몸으로 느끼는 감동과 물리적인 감각이다.

'내면의 영화'를 의식하다

기본적인 설명이 끝났으니 이제 본론으로 들어가 보자. 어떻게 내적 침묵을 정착시키거나 활성화할까? 달리 말해 '마음속 텔레비전을 조금 끄려면' 어떻게 해야 할까? 여러 가지가 가능하다. 첫 단계는 마음의 내용물을 의식하는 것이다.

수천 년 전부터 수많은 현자가 마음을 의식하기 위해 꼼짝 않고 침묵을 지켰다. 습관적인 지각의 소용돌이에서 빠져나와 조용한 장소에 자리하면 자기 성찰에 큰 도움이 된다. 논리적인 이야기 같다. 그러니 지혜로 가는 길에서 전문가를 모방하는 편이 좋겠다. 생각하는 자신을 바라보기 좋은 고요한 장소에서. 이러한 자기관찰은 기간을 정해 놓고 어디서나 할 수 있다. '저 꼭대기' 뇌 속에서 무엇을 생각하고 있는지 실시간으로 알기 위해 어디서나 실행하라고 강력하게 권한다.

일단 자리 잡고 앉으면 꼼짝 않고 잠시 눈을 감거나 살짝 앞쪽 바닥을 바라보라. 이런 방식으로 조금씩 시선을 가라앉힐 수 있다. 떠오르는 이미지의 수가 줄어든다는 사실을 기억하라. 그러나 이건 이 수행의 목표가 아니다. 이제 당신의 작은 뇌와 그 속에 담긴 놀라운 내용물을 만나러 갈 것이다. 손전등을 단단히 들고 나타나는 이미지를, 그 색채와 형태를 관찰하라. 불현듯 눈앞에 진짜 세계가 펼쳐질 것이다!

마음속에 낀 안개가 걷히듯이

관찰하려면 반드시 한 가지 관점을 찾아야 한다. 다시 말해 하나의 공간을, 관찰할 장소를 말이다. 그래야 '충만한 의식'을, '증인 상태' 혹은 '관찰 의식'을 말할 수 있다. 나의 첫 스승이신 올리비에 레이겐 왕겐은 '충만한 현존'을 말씀하셨는데, 이는 온몸으로 관찰한다는 이점을 갖고 있으며 우리가 하는 경험과 완벽하게 일치한다. 요령을 한 가지 알려 주자면 머리로 머리를 관찰하지 말라는 것! 다른 관점을, 다른 거리를 찾아야 한다.

나는 이 경지에 도달하는 데 5년이 걸렸다. 가는 길 곳곳에 장애물이 많았기 때문이다. 통제되지 않은 감정, 불안, 자신감 부족 같은 것이 마음을 온통 차지하고 있었고, 나는 거기서 벗어날 방법을 찾지 못했다. 그래서 심리 요법을 병행했고, 얼마 후엔 최면과 자기최면 쪽으로 관심을 돌렸다.

'내면의 영화'를 더듬거리며 관찰하려 애쓰던 수행 초기에 나는 안개 속을 허우적대면서도 마치 이른 아침 풀밭 위에 깔린 안개가 서서히 걷히듯이 사물이 차츰 제자리를 찾는 느낌을 받았다. 내면의 밭을 따뜻하게 데워 준 나의 태양은 규칙적인 묵상이었다. 사찰에서 매일 아침 저녁으로 선방을 찾아가 참선했다. 비가 오나 바람이 부나 눈이 오나 시간표는 한결같았다. 내 몸도 일상에 리듬을 붙이는 이 침묵의 순간을 기다리는 듯했다.

이미지를 가지고 놀기까지

나는 최면과 신경언어학을 공부하는 동안 이 '관찰하며 명상하기' 훈련을 발견하고 큰 관심을 기울였다. 이 훈련은 최면처럼 관찰만 하는 게 아니라 마음속 내용물에 직접 작용하며, 훨씬 더 깊이 개입한다. 불교의 관점, 즉 영적인 관점에서 볼 때 우리는 마음 '안'에 남아 있어 '충만한 현존'에 이르지 못한다. 말하자면 머리에 작용하는 머리인 셈이다. 그러나 나는 이 수련을 깎아내리거나 이 수련이 가진 이점을 감추고 싶지 않다. 마음속 이미지에 개입하는 일은 대단히 유용하다. 그래서 나는 매일 최면 요법을 받는 환자들에게 이러한 훈련을 가르친다.

잠재된 생각은 아주 단순하다. 내면세계는 우리의 지각 방식에 의존하는 외부 세계의 표상이다. 단순하게 설명하면 이렇다. 같은 자리, 동일한 풍경 앞에 두 사람을 세워 보라. 그들이 만들어 낼 내면 이미지는 그들이 정보를 수용하는 습관에 따라 다를 것이다. 몽상가요 방랑가인 사람은 하늘을 응시할 것이다. 은퇴한 농민은 밭이 어떻게 경작되고 있는지 살필 것이다.

그렇다면 이제 훈련에 임하라!

먼저 조용한 곳에 자리 잡으라. 눈을 감고 내면을 응시하며 마음속 이미지를 보라. 당신의 무의식이 조각조각 만들어 낸 그 세계에 평화를 방울방울 흘려 넣을 수 있도록 이미지가 나타나는 속도를 늦춰 보라. 그 모든 이미지를 무중력 상태처럼 혹은 한 컷 한 컷 천천히 흘러가는 슬로모션 영화처럼 상상하라. 당신은 영사기사가 되어 당신의 영화를 제어할 수 있다. 마법의 원격조종기로 영화의 매개변수를 얼마든지 가지고 놀 수 있다. 모든 것이 가능하다! 이런 방식으로 당신은 차츰 마음속에 침묵의 해변을 혹은 적절한 평온을 끌어들일 것이다. 이는 스트레스에 맞서 싸우는 대단히 좋은 방법이다.

진보가 종종 거꾸로 페달을 밟는 일처럼 보이지 않았는가?
진보는 새로운 장점, 즉 절대적인 침묵을 개발함으로써가 아니라
작은 결점을 받아들임으로써 시작된다.
이것이 바로 홀로 속삭이며 해 보는 성찰의 끝이다.
절대적이고 항구적인 침묵을 포기하라. 그것이 우리가 걸을 꽃길이다.

4장

말의 침묵 : 걱정 속에서 빠져나오는 연습

"할 말이 없는 사람 가운데 가장 유쾌한 자는 침묵하는 자다."

— 니콜라 드 샹포르

나는 잡담하고, 수다 떨고, 재잘대는 걸 좋아한다. 정말이지 수다쟁이다! 초등학생 때 이미 부산한 내 어깨 위로 경고가 마구 쏟아졌다. "재능 있는 아이지만 짝꿍의 주의를 산만하게 만든다", "성적은 좋지만 행동에 주의를 기울여야 한다" 등등. 그즈음 부모님은 선생님의 조언에 따라 나를 조금 진정시키기 위해 요가 수업에 등록시켰다. 1980년대 초에는 이런 수업이 드문 편이었고, 요가가 오늘날만큼 파급력을 갖지도 않았다. 나는 운이 아주 좋았다. 입문 과정을 면제받은 데다 당시 나에게 가장 유익했던 수업이 내가 나중에 영적인 길을 선택하는 데 기여했기 때문이다. 어쨌든 일고여덟 살 즈음에 나는 엄청난 수다쟁이였다.

그 뒤로도 마찬가지였다. 침묵을 즐겁다고 느낀 건 한참 나중의 일이다. 지금은 침묵이 즐거움 이상이 되었지만. 아무 말도 하지 않는 데서 오는 깊은 행복이랄까. 나는 다루는 주제에 따라 말을 번개처럼 분출할 수 있다. 그러나 대개 침묵하고 관찰하는 일은 나에게 절대적으로 즐거움을 준다. 내가 나의 행운을 헤아리며 음미하는 언어의 휴식 말이다. 이런 발전은 여러 단계를 거쳐 이루어졌다. 대략 순서대로 이야기하면 다음과 같다.

완전한 침묵이라는 신화

놀랍게도 첫 번째 단계는 수다와 화해하고, 수다를 삶의 자연스러운 일부분으로 받아들이고, 내적 소란에 가담하는 여러 요소를 의식하는 것이다.

그리고 홀로 이런 성찰을 해 보았다. 진보가 종종 거꾸로 페달을 밟는 일처럼 보이지 않았는가? '나아가다'가 종종 '근원으로 돌아가다'와 동의어처럼 보이지 않았는가? 진보는 새로운 장점, 즉 절대적인 침묵을 개발함으로써가 아니라 작은 결점을 받아들임으로써 시작된다. 이것이 바로 홀로 속삭이며 해 보는 성찰의 끝이다.

그러니 절대적이고 항구적인 침묵을 포기하라. 그것이 우리가 걸을 꽃길이다.

머릿속의 작은 목소리

먼저 한 가지 중요한 사실부터 짚고 넘어가자. 우리는 완벽하게 침묵할 수 없다. 물론 제법 오래, 심지어 여러 날 동안 입을 다물 수 있다. 전통적인 침묵 수양 또는 명상을 통해서 우리가 체험하는 일이기도 하다. 그러나 말은 입술을 넘어서지 않고도 우리의 뇌 안에서 여전히 작은 병사들처럼 줄지어 나아간다. 뇌파가 일직선을 그리지 않는 한 뇌는 계속 작동하며 생각을 발산하고 끊임없이 성찰한다.

많은 사람이 어떤 일마다 해설하고, 분석하고, 불평하

고, 심지어 노래까지 흥얼거리는 '머릿속 작은 목소리'를 줄곧 달고 다닌다. 전혀 심각할 것 없다. 흔히 '내면의 대화'라고 불리는 이 작은 목소리는 때로 아주 유용하다. 예컨대 바로 그 목소리가 이 책을 쓰고 문장을 이어 갈 수 있도록 내게 영감을 불어넣는다. 연말 모임에서 재치 있는 임기응변을 발휘하도록 돕는 것, 유기농 식품과 채식주의에 관해 생각하거나 장 볼 목록을 불러 주는 것도 이 '작은 목소리'다. 파란만장한 연애가 끝났을 때 으레 '그것 봐, 내가 뭐랬어!'라고 소리치는 것 역시 바로 이 목소리다.

작은 목소리는 대개 아주 평범한 방식으로 내면에서 수다를 떤다. 사람은 보통 머릿속으로 혼잣말을 하며 그걸 정상이라고 생각한다. 자동차 안에서, 집에서, 청소하거나 지하실을 정리하면서 혼잣말하는 사람도 있다. "어, 이게 여기 있었네. 저쪽에 놓아야겠다. 됐어, 좋았어." 혹시 찔리는 데라도 있으신지?

전혀 다른 방식으로 세상과 관계 맺는 법

말이 일상생활에 미치는 영향력은 매우 크다. 20세기 말, 많은 사회학 연구가 개인이 사용하는 언어에 따라, 속한 문화에 따라 세상을 바라보는 방식이 달라진다는 사실을 보여 주었다. 에드워드 T. 홀은 나라마다 사적인 영역의 크기가 다르다는 사실을 탐구한 책『숨겨진 차원』의 서문에서 이 사실을 놀랍도록 잘 표현했다.

말은 지각을, 세상과 맺는 관계를 변화시킨다. 예컨대 이누이트족은 눈[雪]을 가리키는 말을 52개나 가지고 있다. 그들의 눈[目]은 잠깐 사이에 주변 지형을 분석하는 법을 터득한다. 딱딱한 눈, 부드러운 눈, 두터운 눈, 언 눈, 공기를 머금은 눈, 다져진 눈……. 사용하는 단어의 정확성은 아주 중요하고, 아마도 집단의 생존에까지 영향을 미칠 것이다. 이렇게 폭넓은 어휘를 사용하면서 그들은 풍경 속에서 눈을 더 세밀하게 구분하는 데 익숙해졌다. 아이들은 아주 어렸을 때부터 이러한 방법을 터득한다. 말이 그들의 지각과 세상에 관한 지식을 더욱 세밀히 다듬는다.

이쯤 되면 우리의 일상에 그리고 '세상을 보는 방식'에 깊이 침투한 언어의 영향력을 헤아릴 수 있다. 이러한 인식은 우리가 습관적으로 받아들이는 사물의 표상을 더 자주 재검토함으로써 새로운 시각을 얻도록 부추긴다.

내 친구 G는 치료사로 일하며 정기적으로 '인물'을 바꾸곤 한다. 어느 주말에는 평소와 전혀 다른 옷차림을 하고 완전히 다른 사람이 되어 내뱉는 단어와 말투, 걸음걸이 속도를 바꾼다. 어떤 날엔 운동선수가 되고, 어떤 날엔 기업 대표가, 택시 운전사가 된다. 그의 증언에 따르면 전혀 다른 인물이 될 경우 지각도 완전히 달라진다. 하루를 보내는 동안 인물은 점차 물질성을 띠고, G는 호기심을 가지고 자기 안에 생겨나는 새로운 감정들을 발견한다. 이처럼 인물을 구현하는 데 있어 언어와 어휘는 각별한 역할을 담당한다. 그의 말에 따르면 경험에 제대로 몰입하게 해 주는 것이 바로 '말'이다. 그가 적절한 '화법'을 찾을 때 그 인물이 살아 움직이고, 예기치 않은 방식으로 인간관계를 맺는다. 언어는 자기 자신과 타인에 관한 그의 지각을 바꿔 놓았다. 그로써 새로운 인식에 대한 가능성의 장(場)이 열린 것이다!

틀을 깨부수다

그렇다면 침묵과 언어는 어떤 관계를 맺어야 할까? 단순하다. 아주 어릴 때부터 우리는 접하는 사물에 이름을 붙이고 개념을 규정하는 습관을 들였다. 이것은 탁자, 저것은 시계, 한 시간은 60분 등. 대단히 유용한 이 습관은 우리 자신을 이해하고 세상과 소통하는 창구 역할을 한다. 또한 우리의 삶에 윤곽을 부여한다. 우리는 이름을 붙이며 이런저런 사물을 증명하고, 우리를 둘러싼 환경의 한계를 정한다. 그러나 한편으로 틀을 만들고, 명명하고, 규정하고, 자기 의견을 갖는 습관은 사물과 우리 자신 그리고 우리를 둘러싼 존재에 선입견을 갖게 한다. 예컨대 우리 이웃을 불평 많은 사람이라고 쉽게 규정함으로써 그에게 평생 사라지지 않는 이름표를 붙이는 식이다.

그러므로 침묵을 되찾는다면 아마 이렇게 달라질 것이다. 우리 이웃에게 섣부른 꼬리표를 달지 않고 아이처럼 호기심 어린 눈길을 던지는 것이다. 이웃은 그저 내가 매일 발견하거나 새롭게 만나는 한 인간일 뿐이다. 그 이웃에게 더는 투덜거리지 않을 가능성을 부여하는 것이다. 안 될 이유가 어디 있겠는가?

즐거운 '무지(無知)'

요약하면 '언어=이름표'라고 할 수 있다. 앞서 언급한 바에 의하면 논리적이기도 하고, 언어는 이름을 붙이는 데 쓰이기 때문이다. 그러나 금세 한 가지 문제가 나타난다. 우리는 순수한 여백에 이름표를 붙이며 그곳을 채우지만, 다른 한편으론 그것을 제한한다. 말과 개념의 침묵, 용어의 '공백'은 세상에 가능성과 자유를 되돌려 주는 놀라운 일이다.

그것은 즐거운 무지를 탐험하는 일이다. '즐거운 무지'라는 말은 프리드리히 니체의 유명한 저서* 제목을 살짝 비튼 것이다. 철학자께서 부디 용서해 주시기를.

개념에서 벗어나는 건 일각수가 태어나는 공간, 말로 표현할 수 없는 공간 속에 말의 시발점이 머무는 것이다. 빈손으로 용감하게 모험에 나서는 일이며, 거꾸로 경계를 넘은 뒤 모든 것이 오래전부터 이미 온전히 평화롭고 고요했다는 사실을 깨닫는 것이다.

* 『즐거운 지식』을 가리킨다.

삶을 멀리서 바라보라
삶에게 결코 묻지 말라
네게 아무것도 말해 줄 수 없으니
대답은 신 너머에 있다
그저 고요히
마음속으로
올림포스산을 모방하라
신이 신인 것은
생각을 하지 않기 때문이다

— 페르난두 페소아, 「네 운명을 따르라」에서 발췌

침묵하기가 왜 그리 어려울까?

선사(禪寺)라고 세상의 규칙에서 벗어나 있는 건 아니다. 침묵과 명상에 바쳐진 공간이지만 선사는 당신과 나 같은 사람이 머무는 곳이기도 하다. 어떤 이는 천성적으로 침묵에 끌리고, 또 어떤 이는 차츰 침묵을 터득하고, 또 다른 이는 침묵을 고문처럼 감내한다. 매일 아침, 명상하기 전에 우리는 20분 동안 간단히 씻고 다실로 가 차를 한 잔 마신다. 침묵의 규칙은 엄격하다. 그러나 일부 수행자는 다른 사람과 공모의 눈길도, 사소한 말도 주고받지 못한 채 차 마시는 걸 잘 받아들이지 못한다. 소란은 암묵적으로 금지되어 있기에 그들은 은밀히, 낮은 목소리로 말한다. 나는 오랫동안 생각했다. 어째서 완전한 침묵은 불가능할까? 왜 꼭 '타인'과 접촉해야만 할까?

사실 우리가 주고받는 사회적인 말은 대개 재확인의 시도다. 내가 상대에게 인사하면 상대도 내 인사에 답하고 나에게 몇 마디 말을 건네며 나의 실존을 증명해 준다. 달리 말하면 타인의 시선과 말이 나를 존재케 한다. 반대로 그렇지 않다면, 나의 실존을 확인해 줄 타인이 부재한다면 내가 존재하지 않는 걸까? 이 주제를 탐구하려면 책 한 권으로는 충분치 않을 것이다. 나는 누구인가? 현실이란 무엇인가? 생존하는 데 사회관계가 필요한가? 철학자들은 기꺼이 나서서 주변을 흩뜨리며 잘 정돈된 우리 삶에 불확실성의 파편을 심는다. 불교도 그에 못지않게 줄곧 침묵한다.

말의 침묵을 수행하는 일은 남들이 우리를 봐 주고, 우리의 말을 들어 주기를 바라는 욕구와 잔인하게 충돌한

다. 바로 그래서 타인의 시선에 민감한 사람은 입을 다물어야 하는 순간을 몹시 불편해한다.

일상에서 침묵을 체험하는 법

불교에서는 침묵 수행을 '귀한 침묵'이라고 부른다. 입을 다문 채 불쑥 솟아나는 말을 내뱉지 않고 지나가게 내버려 두는 수행이다. 의식적, 의지적으로 말하지 않기로 결심하는 것이다. 이 수행이 가진 이점은 매우 많다. 몇 시간 혹은 며칠이 지나면 마음이 평온해진다.

1년에 한 번, 한겨울에 우리는 일주일 동안 묵언 안거를 갖는다. 눈 덮인 환상적인 자연 속에 머문다는 사실은 차치하더라도 이 기간은 특혜받은 시간이다. 매년 나는 침묵이 마음의 움직임에 미치는 놀라운 영향을 새롭게 확인한다. 몇 시간이 지나면 마음이 완전히 평온해진다. 안온한 고요 속에서 일상이 펼쳐지는 모습을 바라보면 심지어 매우 유쾌하기까지 하다.

우리는 대개 일, 대중교통, 정치 등 일상적인 주제에 관해 말하고 싶어 하고, 자신의 생각과 다른 부분을 지적하고 싶어 한다. 하지만 그것에 관해 말하는 걸 '잊으면' 이 주제들은 금세 중요성을 잃는다. 동료와의 갈등을 말로 표현하지 않으면, 특히 직장 사람들에게 이야기하지 않으면 그 갈등은 결국 햇살 받은 아침 안개처럼 스르륵 사라져 버릴 것이다. 물론 모든 것은 갈등 자체에 달려 있지만 분명히 침묵은 문제 해결의 가능성을 내줄 것이다.

많은 사람이 '생각을 전환'하기 위해 조깅하는 것이 그 증거다. 말하지 않으며 달리는 행위는 내면의 잡음에서 마음을 해방한다. 달리는 리듬에 따라 말은 차츰 지워지고, 두 다리는 화가의 붓처럼 서서히 지평선을 그린다. 지혜로운 이들의 말에 따르면 고요는 겉모습 뒤에 늘 자리하고 있다. 아주 조금만 주의를 기울이면 발견할 수 있다.

물론 도시에서 바쁘게 살아가는 사람이 묵언 안거에 들기 위해 일주일 동안 시간을 내기란 거의 불가능하다. 어찌해 볼 도리 없이 일정이 꽉 차 있다면, 내가 제시할 길을 따라가 보라. 기다리지 않고, 일정을 조절하지 않고 일상에서 침묵을 체험할 수 있을 것이다.

주변의 소리에 귀 기울이면

나는 생계를 이어 가기 위해 여러 가지 직업을 가지고 있다. 하나같이 흥미진진한 일인데 노래 선생이라는 직업이 특히 그렇다. 사람들은 성대의 기능 및 호흡, 공명에 관한 기초를 배우기 위해 스트라스부르에 온다. 대개 학생들은 학교 수업이 비는 틈을 활용해 노래 수업을 듣는다. 그들은 도시의 소란을 잔뜩 달고 수업에 나타난다. 그들은 몰입하고 느끼는 일만 빼곤 모든 준비를 갖춘 채 나에게 온다. 그래서 나는 유익한 작은 의식을 마련했다. 언제라도 앉아서, 서서, 누워서, 혼자서 혹은 무리 한가운데에서 간단하게 할 수 있는 의식이다. 이 의식은 눈에 보이지 않고 탐지할 수도 없다. 따라서 어디서든, 예컨대 회의 중에도, 지하철 안에서도 할 수 있다. 전통적인 명상이나 호흡 수련의 경우에는 할 수 없는 일이다.

그 의식은 바로 이것이다. 지금 어디에 있든 당신을 둘러싼 소리를 지각하라. 가까운 곳에서 들리는 소리에 귀 기울이라. 그리고 멀리서 들려오는 소리에 귀 기울이라. 여유를 갖고 한 공간에서 다른 공간으로, 전경에서 후경으로 건너가라. 그런 다음 다른 주파수를 향해 귀 기울여

라. 높은 음, 낮은 음, 중간 음. 모든 소리를 구분하려 애써 보라. 도시가 내는 둔탁한 고동 소리, 나무를 스치는 바람 소리, 세차장 소리, 사람들의 대화 소리……. 소리가 오도록 내버려 둔 채 있는 그대로 맞이하라.

몇 분 뒤 한 가지 의문이 생길 것이다. 도대체 내부와 외부의 경계는 무엇일까? 어떤 지점에서 소리는 내 귀 밖에 있고, 언제 귀 안으로 들어오는 걸까? 미묘하지만 경계가 사라지는 것처럼 보인다. 내부도 외부도 없다. 소리, 세상 그리고 내가 내밀하게 뒤섞인다. 이 상태가 되면 의심할 바 없이 우리의 소리 영역이 열린 것이다. 그리고 더없는 행복이 느껴진다. 그 증거가 바로 여기에 있다. 나에게 노래를 배우러 온 학생이 모두 만장일치로 증언한다. "5분 동안 소리 여행을 하고 나면 얼마나 기분이 좋은지 몰라요!"

왜 그럴까? 내 생각은 이렇다. 우리는 무언가를 골똘히 생각할 때, 되새김질하고 곱씹을 때 마치 내면에 갇힌 포로처럼 오직 우리 자신의 문제 속을 맴돈다. 그럴 때 우리는 우리 내면의 독백에 정신을 빼앗겨 길을 건너면서도 길을 보지 못한다. 밖으로 향한 문을 열기로 마음먹으면, 귀를 내밀면 공간이 열린다. '외부' 세계가 다시 나타나고

독백은 잠잠해진다. 그 결과 에너지가 조화를 이룬다. 우울증으로 고통받는 사람에게 가장 먼저 하는 치료는 환자가 눈을 들어 다시 주변 풍경을 보도록 만드는 것이다. 우리는 귀를 열어 이와 같은 수련을 할 것이다. 수련을 하고 나면 대기가 놀랍도록 가벼워질 것이다.

있는 그대로의 나를 받아들이기

앞에서 말했듯이 수다쟁이는 대개 머릿속에 아침부터 저녁까지 쫑알거리는 일종의 팅커벨을 갖고 있다. 공식적인 용어로 우리는 그것을 '내면의 대화'라고 부르지만 '독백'이 더 정확한 표현일 것이다. 내가 큰 소리로 나 자신에게 대답하지 않는 한 이 작은 목소리는 홀로 떠들기 때문이다.

이제 나는 밀물처럼 몰려드는 이 작은 목소리를 조절하기 위해 세 가지 수련을 제안할 것이다. 먼저 '왕도'라고 할 수 있는 수행을 소개한다. 우리를 가장 멀리까지 이끌어 줄, 가장 큰 가능성을 품은 수행이다.

우선 조용한 장소에 자리 잡고 앉는다. 눈을 꼭 감거나 반쯤 감되 완전히 긴장을 푼다. 그런 다음 다시 몸을 바로 세우고 무언가 대단히 중요한, 심지어 성스러운 일을 할 사람 같은 자세를 취한다. 이제 쫑알거리는 내면으로 탐험을 떠날 순간이다. 무슨 생각을 하고 있는가? 이 순간 나의 내면이 무슨 말을 내뱉고 있는가? 논리적인 담론인가 아니면 문장 조각들인가 아니면 얼마 전에 들은 노래인가? 말하는 목소리가 당신 것인가? 친구 목소리인가? 부모님 목소리인가?

목소리를 조금씩 가라앉히고 침묵을 불러오기 위해 크게 할 일은 없다. 그저 중립적인 관찰자의 태도를 취하면 된다. 이 태도를 '증인 의식'이라고도 부른다. 개입하지 않고, 판단하지 않고, 해설하지 않고 떠오르는 생각과 말을 관찰하는 것이다. 그저 그곳에 자리한 채 사소한 말이라도 온전히 의식하며 그것이 지나가도록 내버려 둔다. 이것이 바로 훈련의 핵심이다!

이 수행을 통해 우리는 자신과 진정으로 화해할 수 있다. 목소리와 싸울 필요도, 비우려 애쓸 필요도 없으며, 목소리를 개선하라고 권하지도 않을 것이다. 그렇다. 심리학적인 관점에서 보면 우리는 각자 자신을 있는 그대로, 장점과 결점을 모두, 때로는 근사하고, 때로는 독재

자 같고, 때로는 비판적인 내면의 목소리까지 함께 받아들인다. 이 수행을 하며 자신의 모든 측면이 똑같이 평온하게 받아들여진다. 내가 가진 모든 면면이 그저 '증인 의식'의 거울 앞에 놓일 뿐이다. 우리가 건드리지 않으면 어느 순간 목소리는 나타났다가 자연스럽게 사라진다. 놀랄 만큼 자유로운 느낌이 들 것이다! 이렇게 우리 자신과 세상 사이에 새로운 관계, 한결 평온하면서 동시에 한결 관대한 관계가 성립한다.

머릿속 작은 목소리와 놀기

내면의 작은 목소리는 종종 어린 시절을 기쁘게 떠올려 즐겁게 한다. 어떤 기억은 아마 배꼽이 빠지도록 웃기기도 할 테고, 또 어떤 기억은 우리를 놀라게 만들 것이다. 그러나 우리 뇌가 가진 능력과 뇌를 통제할 수 있는 힘을 조금이나마, 누구라도 되찾을 수 있는 가능성이야말로 놀라운 것이다. 그러니 때때로 머릿속 작은 목소리가 지긋지긋해진다면 이 안내를 따르라.

— **작은 목소리가 들려오는 위치를 파악하라.** 그러려면 앞서 설명한 훈련과 비슷한 과정을 거쳐야 한다. 처음에는 조용한 장소에서 하는 것이 한결 쉽다. 하지만 조금만 훈련하면 지하철에서나 걸으면서나 장을 보면서도 할 수 있다.

— **소리를 낮추라.** 당신 머리 가까이에 볼륨 조절 버튼이 있다고 상상하라. 먼저 버튼을 돌려 목소리를 키웠다가 서서히 낮춰라. 목소리가 작아진다. 마법 같지 않은가?

— **위치를 옮겨라.** 목소리가 어디에서 들려오는가? 머릿속? 머리 위? 오른쪽 귀 근처? 왼쪽 귀? 머리 뒤쪽? 목구멍? 충분히 시간을 갖고 위치를 파악한 다음, 목소리에게 이사를 권해 보라. 목소리가 움직임을 따른다. 자리를 바꾼다! 그러고는 필요할 때 당신을 고요하게 놓아줄 만한 이상적인 장소로 옮겨 보라. 나는 종종 목소리를 심장 근처에 가져다 둔다. 그러면 목소리는 여전히 내 안에 존재한 상태로 세상을 관찰할 자유로운 머리를 내게 내어 준다.

신경언어학에서 나온 다른 세세한 훈련도 많다. 나는 그 훈련들을 치료 요법으로 자주 활용하고 있으며 대단히 긍정적인 결과를 얻는다. 아침부터 저녁까지 "넌 아무 짝에도 쓸모가 없어. 정말 제멋대로구나! 그런 식으로는 해낼 수 없어. 참 서툴기 짝이 없구나" 같은 위압적인 말을 쏟아 내는 내면의 목소리를 가진 여성의 경우가 그랬다. 우리는 이 목소리의 원천을 찾지 않고 내용에 직접 다가갔다. 나는 이 여성에게 내면의 목소리를 도널드 덕 목소리로 바꿔 보라고 제안했다. 그녀는 폭소와 함께 속 시원한 울음을 쏟아 냈을 뿐 아니라 목소리가 내리는 명령들을 진지하게 받아들이지 못하게 되었다. 도널드 덕의 목소리는 모든 것을 무효로 만들었다! 유쾌한 자유를 선물한 것이다.

혀와 턱의 긴장 풀기

몸과 마음은 긴밀하게 연결되어 있다. 이 말은 인간의 가장 놀라운 신체기관 중 하나에도 똑같이 적용된다. 바로 혀다. 열일곱 개 근육으로 이루어진 혀는 다양하게 움직일 수 있다. 우리가 젖먹이와 재잘거리거나 사람들 앞에서 연설하거나 흥이 나서 유창하게 말할 수 있는 건 모두 혀 덕분이다. 혀가 있기 때문에 우리는 "사랑해"라고 말할 수 있고, 할머니가 임종하시기 직전에 작별 인사를 할 수도 있다. 혀는 대단히 쓸모 있는 기관이다. 다만 종종 심하게 긴장한다.

혀의 긴장을 풀면 우리 머릿속에서 말의 흐름이 즉각 느려진다. 관련 연구가 아직 없을지 모르지만 혀와 내면의 작은 목소리는 긴밀하게 결합되어 있다. 따라서 한쪽을 가라앉히면 다른 쪽도 진정된다. 나는 명상을 하며 이런 상황을 매우 자주 경험했다.

그러면 혀의 긴장은 어떻게 풀어야 할까? 사실은 혀의 짝과 다름없는 턱도 함께 이완해야 한다. 입을 살짝 벌리고 혀가 치아 뒤에 놓이도록 턱을 내린다. 눈치챘겠지만 이럴 때 우리 얼굴은 그리 똑똑해 보이지 않는다. 하지만 이런 위험을 감수해야 긴장이 풀린다! 우리는 이 훈련을 '축 늘어뜨리기'라고 부른다. 혼자 있을 때 시험해 보라. 이러한 긴장 완화 훈련은 우리가 마음속으로 불평하고 곱씹고 투덜거리는 걸 막아 준다. 최근에 한 친구가 내게 이렇게 말했다. "축 늘어뜨리기야말로 우리가 가진 모든 문제를 날려 주는 해결책 아닐까?" 판단은 당신에게 맡긴다.

폭식, 중독, 그 밖에도
넘쳐 나는 감정에서 멀어지게 해 주는
다양한 임시방편이 지배하는 시대다.
우리는 생존하기 위해 몸을 잊는다.
달리 어떻게 해야 할지 모르기 때문이다.

5장

몸의 침묵 : 감정을 다스리는 연습

15년 전에 누군가가 오늘의 내 모습을 말해 주었다면 아마 나는 더없이 놀랐을 것이다. 15년 전의 나는 오늘의 나를, 지금 나의 삶을 마음에 들어 했을까? 자연의 침묵 속에서 시시각각 변하는 하늘을 바라보고, 동물의 신비를 깊이 통찰하며, 내 몸의 고동과 울림을 날카롭게 지켜보는 그 모든 시간을 흡족해했을까? 그 시절에 몸은 정말 문제조차 되지 않았다. 기껏해야 내가 이 축제 저 축제로, 극적인 경험에서 모험으로 이리저리 끌고 다닌 대상이었을 뿐이다.

하지만 노래와 명상을 시작하면서 모든 것이 달라졌다! 새로운 세계가 나타났다. 한 걸음 한 걸음, 한 신체기관에서 다른 신체기관으로 옮겨 가며 거의 모든 감각을 서서히 회복하는 동안 점점 더 몸에 실재하는 세계다.

그러나 시간이 걸렸고 많은 인내심이 필요했다. 처음 명상한 날이 떠오른다. 방석 위에 가부좌를 틀고 앉은 우리에게 스승님은 곧은 자세를 취하기 위해 관찰해야 할 신체 부위를 알려 주었다. 다리, 척추, 목덜미, 정수리……. 그리고 양손의 엄지손가락을 붙여 보라고 말했다. 마치 작은 개미를 쥐듯이 엄지손가락을 조심스레 누르라는 것이었다. 개미가 도망가지 못하도록, 하지만 짓눌리지 않도록 너무 세게 누르지도, 너무 살짝 누르지도 말아야 한다. 처음에 나는 엄지손가락을 너무 살짝 누르거나 너무 세게 눌렀다.

보다시피 나는 몸을 그다지 의식하지 않았다. 그러나 뒤에 이야기할 훈련 덕에 점차 나아졌다. 왜냐하면 시작부터 우리는 "왜 몸을 신경 써야 하지?", "몸을 의식하는 게 우리에게 무얼 가져다준다고?" 같은 질문에 매이기 때문이다. '몸의 침묵'이라는 개념은 우리가 그것이 얼마나 큰 문제인지를 깨달은 뒤에야 그 경이로운 가능성을 드러낼 것이다.

무엇보다 먼저 나는 당신을 노래 수업 속으로 초대하고 싶다. 사실 노래하려면 몸이 꼭 필요하다. 노래 수업을 통해 우리는 몸과 맺는 관계를 다시 생각하는 것이 얼마나 중요한지 깨달을 수 있다.

몸에 마법 걸기

"안녕하세요, 캉쿄 선생님이시죠?" 웬 여자가 내 앞에서서 슬며시 나를 올려다본다.

"네, 네, 어서 들어오세요." 첫 노래 수업, 처음으로 관계 맺는 일은 언제나 마법 같고 매혹적이다. "뭐 좀 마시겠어요? 커피? 녹차? 본격적으로 수업을 시작하기 전에 잠시 이야기 나누죠!"

"네, 커피 한 잔 주세요." 젊은 여자가 어색한 미소를 지으며 말한다.

커피를 준비하는 동안 나는 잠시 그녀를 혼자 둔다. 짧은 침묵이 흐르다 곧 깨진다. "왜 노래 수업을 듣고 싶은지 얘기해 주시겠어요?" 내가 그녀 곁에 앉으며 묻는다.

대답이 튀어나온다. "남자 친구 때문에요. 그 친구가 속한 밴드에서 제가 노래를 하고 있어요. 전자음악이에요. 그런데 저에게 기교가 부족한 것 같아요. 좀 더 자신감 있는 목소리를 갖고 싶어요. 저는 블루스도 좋아하고,

프랑스 대중가요도 좋아해요." 그녀는 머뭇거리며 살짝 미소 짓는다. 키가 큰 그녀는 혼나는 아이처럼 등을 구부정하게 숙이고 어깨를 움츠린 자세로 앉아 있다. 방어 태세를 취한 모습이다.

"운동하세요?"

"네, 수영해요. 좀 지루하지만 뭐……." 그녀가 변명하듯 말한다.

"아시겠지만 제 수업에는 매우 신체적인 측면이 있어요. 수업의 본질은 몸과 관계될 거예요. 그러니 운동해서 몸을 움직이는 습관을 가진 분은 한결 쉽게 따라올 수 있죠. 곧 보게 될 거예요. 시작할까요?"

우리는 노래 수업 때 사용하는 교실로 향했다. 원래 이 건물은 선불교 수행자들이 수행하는 곳이다. 넓고 평온한 이 공간에서 아침저녁으로 명상과 경전 낭송, 향 봉헌이 이루어진다. 낮에는 거의 예외 없이 비어 있어서 운 좋게 조용히 수업을 진행할 수 있다. 건물 앞에 자리한 세차장 소리도 거의 들리지 않는다. 그래서 평온을 지킬 수 있다.

우리는 검은 방석이 여기저기 놓여 있는 명상실 앞을 지나 노래 수업을 진행할 교실의 문을 민다. 60제곱미터 넓이에 높이 5미터, 바닥에는 베이지색 양탄자가 깔려 있다.

"여기가 제 공간입니다. 이건 비밀이에요! 이런 장소가 도심 한가운데 존재한다는 사실을 아무에게도 말하지 말아 주세요. 알면 훔쳐 갈지도 몰라요!" 내가 장난삼아 말한다.

"정말 멋지고 편안한 공간이에요." 그녀가 말한다.

"신발은 여기 두시면 됩니다. 편하게 앉으세요. 첫 수업엔 언제나 몸을 다시 의식하고 느끼는 작업부터 합니다. 실은, 몸을 탐험하러 떠날 겁니다! 먼저 우리의 몸을 반기고, 다시 의식하고, 선사들이 '집으로 돌아간다'고 말하는 일을 시작할 겁니다. 현대사회를 사는 우리 뇌는 대단히 발달했습니다. 아마 지나치게 발달했을 겁니다. 불행히도 이 진화는 우리 몸을 희생해 이루어졌습니다. 오늘 우리는 우리의 몸이라는 악기에 다시 접촉하고, 이것을 조율해 공명하게 만들 겁니다. 조금 더 관심을 가지면 우리 몸도 좋아할 거예요. 자, 선 채로 두 팔을 새처럼 벌리세요. 이 공간과 자유의 느낌을 음미해 보세요!"

그녀는 얌전히 눈을 감는다. 하지만 곧 눈썹을 찌푸리고 다음에 어떤 일이 이어질지 생각하는 듯하다. 호기심은 무엇보다 강력해서 그녀는 이내 머리 위로 두 팔을 넓게 벌린다. 그렇게 우리는 몸이 제 경계를 넓히는 놀라운 느낌을 맛본다. 이 순간 몸에서 '다시 마법 걸기'라는 느린 작업이 시작된다.

몸과 정신의 불균형 시대

학교에서 비판 정신을 기르고 불규칙동사 목록이나 민법 조항을 외우며 보낸 그 모든 세월이 우리에게서 아주 큰 부분을 빼앗아 갔다. 어쩔 수 없이 프랑스 왕들의 출생일을 외우며 보낸 시간 동안 우리 몸은 그 잘난 생각의 유물 아래 묻힌 채 까맣게 잊혔다.

물론 많은 사람이 학교에서 '운동'을 했고, 방과 후 활동으로 테니스나 축구에 참여했다. 그러나 대개의 경우 신체를 경작하는 마법은 일어나지 않았다. 중요한 건 기록, 한계 극복, 기술, 성적이었고 결국 그 모든 것이 정신과 몸의 긴밀한 교감을 깨뜨렸다. 나는 10년 가까이 체조를 했지만 아름다운 동작을 칭찬하는 말은 한 마디도 듣지 못했다. 오히려 뜻대로 움직이지 않는 몸을 굴복시키고, 엄하게 다루고, 무지한 폭력 속에서 몸을 영예를 얻기 위한 도구로 만드는 것이 관건이었다. 결국 메달을 따야 가치 있는 인물이 되었다는 확신을 얻는 것이다. 몸을 원초직 에너지를 모으는 사원으로 삼고, 몸이 정신을 드러낸다는 성스러운 사실을 정화 의식으로써 찬양하는 도교 사상과는 만리장성만큼이나 멀리 떨어져 있는 생각이다.

오늘날엔 대다수가 이런 불균형을 인식하고 있지만 한편으론 매우 걱정스러운 상황이다. 수많은 청소년이 마치 몸의 연장인 양 손에 휴대전화를 들고 다닌다. 부차적인 신체기관을 하나 더 얻었지만 그들은 정작 가상 세계로의 도피를 조장하는 새로운 도구의 포로가 되었다. 그들은 기계를 매우 직관적으로 다룰 줄 안다. 그러나 인간의 삶을 충만하게 지각하고, 받은 자극을 제어하며, 그것에 어떻게 반응할지 선택하는 일에는 맥을 못 춘다.

메시지가 도착하면 스마트폰 주인은 손을 뻗어 기계를 붙든다. 이렇게 행동하는 과정에 의식적인 선택은 없다. 지금 여기에 존재하고 있는 자기 자신에 대한 어떠한 자각도 없이 자동으로 이루어진다. 텔레비전과 인터넷도 마찬가지로 사용자가 오랜 시간 자신의 존재를 인지하지 못하도록, 자신을 완전히 잊어버리도록 만든다. 그 증거? 예컨대 영화 속 주인공이 시원한 소다수를 마시면 우리는 광고가 시작되기 무섭게 로봇처럼 냉장고 문을 열지 않는가!

가상 세계 혹은 가상을 위한 변론은 실재하는 삶, 다시 말해 비극이든 영광이든 모든 것을 고스란히 체험할 수 있는 삶의 가능성을 어둠 속에 남겨 둔다. 내 SNS에다 멋진 현실을 연출하는 일은 인간이 자연스럽게 발전할 수 있는 기회를 내주지 않는다. 자신의 한계를 조금씩 받아들이고, 잠재적인 능력을 개발하는 법, 상상한 몸이 아니라 있는 그대로의 자기 몸과 화해하는 법을 배우지 못하도록 하는 것이다.

우리는 살아남기 위해 몸을 잊는다

왜 그럴까? 왜 '몸으로 다시 돌아오기'가 그렇게 어려울까? 몸이 현실과 긴밀히 접촉하고 있기 때문이다. 몸은 실제로 숨 쉬고, 소화하고, 공명하며 두려움, 기쁨, 혐오, 부러움 같은 감정을 느낀다. 주의를 기울여 보면 감정은 몸의 내면에서 느껴진다. "마음이 꼬였다"느니, "창자가 끊어진다"느니, "사랑에 눈이 멀었다"느니 하는 숱한 관용적 표현이 그 사실을 말해 준다.

몸과 감정은 긴밀하게 연결되어 있다. 몸을 잊으면 부정적인 감정을 세심하게 피하고 현상에만 머물 수 있다. 어느 날 신경성 질환이 우리를 걸고넘어지기 전까지만. 대개 스트레스, 표현하지 못한 슬픔, 일상적인 불안이 만성 고혈압, 위궤양, 반복되는 습진의 원인이다. 귀 기울이지 않은 감정이 기어코 표현 방법을 찾아 신호를 보내는 것이다. 그러한 감정이 몸을 찾으면 몸은 침묵하지 않고 우리가 알아챌 수 있는 방법을 총동원해 우리에게 메시지를 전한다. 몸은 발을 구르고, 반응하고, 제 방식으로 외치며 가만히 있는 우리의 등을 떠민다. 말하자면 본래의 침묵 상태, 원초적인 조화를 깨고 뇌에 변화를 요청하는 것이다.

그러나 인간은 이런 요청을 잘 받아들이지 못한다. 학교에서 자기감정을 다스리는 법을 배우지 않았고, 자기 생각이 어떻게 작동하는지 알지 못하며, 휘말릴까 두려워 감정을 외면하고 싶어 한다. 폭식, 중독, 그 밖에도 넘쳐 나는 감정에서 멀어지게 해 주는 다양한 임시방편이 지배하는 시대다. 우리는 생존하기 위해 몸을 잊는다. 달리 어떻게 해야 할지 모르기 때문이다. 정신에 외상을 입은 경우에 이런 현상이 자연스럽게 일어난다. 전쟁, 강간 또는 심각한 사고를 경험한 사람들은 스스로 몸과 분리된다. 그래야만 생존할 수 있기 때문이다. 역으로 위급한 외과 수술을 진행해야 할 때 간호사는 의도적으로 환자를 몸과 분리시킨다. 그러나 이는 심각한 정신적, 육체적 외상을 입은 경우에 해당한다. 삶을 일종의 정신적 외상이라고 생각한다면 모를까, 몸을 충만하게 의식하며 사는 삶은 많은 이점을 갖고 있다.

이미 수천 년 전부터 현자들은 몸으로 돌아가 부정적인 감정을 관리하는 법을 터득하기 위해 고심했다. 여기 그 방법들이 있다.

감정에서 자유로워지는 길

모든 구도(求道)와 철학은 느끼는 법을 배우는 것이 자유의 길이라는 데 의견을 같이한다. 감정에서 완전히 자유로워지는 것, 감정을 충분히 이해하고 존재의 질을 되찾는 것보다 나은 일이 있겠는가? 우리는 몸과 멀어지는 습관 때문에 이런 행복과도 멀어진다. 이마를 시원하게 적시는 여름비를 느끼는 행복, 기뻐서 펄쩍 뛰는 행복, 이

에너지가 온몸을 얼마나 활기차게 하는지를 발견하는 행복, 기쁨에 촉촉이 젖은 눈으로 음식을 맛보는 행복, 세포를 파고드는 비옥한 흙의 향기를 느끼는 행복, 풀밭에서 고양이처럼 기지개를 켜고 초원의 향내를 들이마시는 행복…….

몸은 우리를 즐거움으로 데려간다. 그 결과에 온갖 환상을 품어도 좋다. 모든 것이 기대 이상일 것이다. 몸에 현존하는 일은 우리가 현재 순간에 직접 개입하는 유일한 현존일 것이다.

현재 순간이 곧 몸이다. 지금 여기 사는 건 실제 시간 속에서 몸을 느끼며 사는 일이다. 몸에서 빠져나가는 건 다른 곳, 가상 세계 혹은 여러 높은 차원의 정신세계에서 홀로 살아간다는 의미이다.

감정이라는 감각

심리학자들은 오랫동안 감정이 감각이라는 사실을 받아들이지 않았다. 일부 학파는 감정이 뇌에서 태어난다고 주장했다. 죽은 친구를 생각하면 몸이 슬픔을 느낀다는 것이다. 다른 학파는 정반대 출발점을 제시했다. 태양신경총에서 불쾌한 감각이 느껴지면 뇌가 서둘러 그 감각을 분석해 원인을 찾으려 한다는 것이다. 오늘날 이 쟁점은 조화로운 합의점을 찾았다. 두 학파 모두 옳다. 때로는 한쪽이, 때로는 다른 쪽이 옳다. 이 두 주장은 몸의 중요성을 강조한다는 공통점을 갖고 있다. 어떤 경우든, 의식적이든 아니든 감정이 몸에 미치는 영향이 있을 것이다. 그리고 우리는 그에 따라서 행동할 가능성이 있다.

우리는 이미지, 내면의 작은 목소리, 몸의 감각으로 세상을 받아들인다는 사실을 앞에서 살펴보았다. 이제 이야기할 주제는 그 마지막 범주다. 우리는 그것을 운동감각이라고 부른다. 운동감각을 발견하려면 잠시 눈을 감고 몸에 관심을 집중해야 한다. 떠오르는 대로 몸의 여러 부위를 느껴 보라. 그것이 따뜻한지 차가운지 느껴 보라. 고동을, 순환을, 무게를 느껴 보라. 몸속에서 어떤 특별한 감정이 느껴지는가? 그렇다면 그 감정은 어디에 있는가? 조금만 여유를 가지면 온 세상이 우리를 향해 열린다. 만약 불쾌한 감정이 든다면 얼른 훈련을 중단하라. 아주 유쾌한 감정이라면 음미하고 공유하라!

당신은 생각의 양상 가운데 하나를 발견했다. 어떤 사

람은 이 경로를 선호해 몸으로 많은 것을 느낀다. 그들은 부드러운 옷을 입으려 하고, 신체 접촉이 없는 인간관계를 상상하지 못한다. 운동감각을 지향하는 사람은 신체 접촉이 없는 걸 일종의 거부로 받아들인다. 시각이 주도하는 현대사회에서 운동감각이 발달한 사람은 삶에 산재한 작은 굴곡을 만나고, 그것이 알게 모르게 그를 고통스럽게 한다. 이런 사람은 넓은 감각으로 세상을 느끼는 행운과 그것을 어찌해야 할지 모르는 당혹감 사이에서 혼란스러워한다.

감정 다스리기 1: 영적인 수행법

놀랍게도 이 수행법은 개인적인 발전을 넘어 심지어 천사와 친근하게 이야기 나눌 수 있는 수행법이라고 한다. 기꺼이 믿고 싶다. 불교에서는 우리가 곧 천사인 만큼! 헐뜯기 좋아하는 사람은 인간이 반은 천사요, 반은 악마라고 말할 것이다. 하지만 아니다! 우리는 살과 뼈로 이루어진 진짜 천사다. 사실 전통적으로 영적인 수행법은 '부처의 본성'이라 부르는 우리의 '원초적인 천성'을 (재)

발견하는 것 이상의 그 무엇도 권하지 않는다. 이 본성은 모두가 가지고 있고, 따라서 우리는 모두 잠재적인 부처이고 천사이며 경이로운 존재다. 하지만 이 광휘는 대개 합리적 생각이라는 불투명한 벽지 아래 감춰져 있다.

영적인 수행법은 패러다임을 변화시킨다. 우리 삶에 무한이 모습을 드러내도록 현상액을 조금씩 주입하는 것이다. 마침내 나타나는 사진은 더없이 빛난다. 빛을 발하는 천사와 같은 모습, '우리 자신'의 최고 형태다.

그렇다면 우리의 삶을 빛나게 하고 부처 혹은 천사로서 우리의 본성을 드러내 주는 그 놀라운 현상액이 대체 뭘까? 그것은 '무조건적인 사랑'이라는 필터다.

이 필터 사용법은 이러하다. 어떠한 감정이 나타나든 개입하지 말고 그것이 생겼다가 사라지도록 내버려 두는 것이다. 그것이 무엇이든 몸의 한 부위 또는 여러 부위에 나타났다는 사실만 확인하고서 자연스럽게 사라지도록 내버려 둔다. 이 '있는 대로 두기'가 가능하려면 감정을 무조건 사랑하는 마음가짐이 필요하다. 우리를 가로지르는 모든 감정을 판단하지 않고, 거부하지 않고, 보존하지도 않은 채 받아들인다.

먼저 침묵 가운데 앉아 몸에서 느껴지는 감정을 다시

의식한다. 저항하지 말고, 무한히 받아들이겠다는 마음가짐으로 그저 일어나는 일을 관찰한다. 호기심 많은 거울처럼 모든 것을 관찰하고, 나타날 때처럼 모든 것이 빨리 사라지도록 가만히 머문다. 이때 무조건적인 사랑, 한 인간을 이루는 모든 것을 고스란히 받아들이는 태도가 필요하다.

만약 강렬한 감정일 경우, 얼마 동안 감정 관찰하기와 복식호흡 의식하기를 번갈아 가며 진행한다. 자칫 잘못 관찰하면 감정이 사라지지 않고 오히려 커질 수 있다. 이 경우는 진짜 관찰을 하는 게 아니라 내면에 초점을 맞추기 때문이다. 여기엔 넓은 차원이 결핍되어 있다. 우리를 둘러싼 공간과 평온한 관계를 맺지 못한 채 몸속에 갇힌 회로처럼 관찰만 할 뿐이다.

여러 방법이 우리 마음에 들지 않는 것을 바꾸고 우리 마음에 드는 쪽으로 인도하는 한 가지 비결을 제시한다. 우리는 불안, 슬픔, 스트레스를 떨쳐 버리려고 애쓴다. 물론 논리적이고 이유 있는 반응이다. 그래서 우리는 다음 영역에서도 그러한 방향으로 나아갈 것이다.

다만 영적인 수행법은 훨씬 더 멀리 나아간다. 이 방법은 화산 한가운데 자리하고 앉아 우리의 두려움을 그곳에 녹이라고 권한다. 이는 용기와 결단을 좇는 기사의 길이다. 또한 화해의 길이자 싸움을 멈추는 길이며, '좋은 것'이건 '나쁜 것'이건 우리를 구성하는 모든 것을 받아들이는 길이기도 하다. 요컨대 첫걸음은 조용한 속삭임으로 시작해 점점 더 큰 소리로 "너는 멋져! 근사해! 너의 모든 게 좋아!"라고 자신에게 말할 수 있는 힘이다.

감정 다스리기 2: 감정 교대법

무속인은 땅 혹은 물질적인 삶과 영(靈)의 세계 혹은 하늘을 잇는 자다. 그들은 기도나 주술의 힘으로 우리 삶의 두 차원을 잇는 채색 천을 다시 짠다.

이번에 이야기할 훈련은 각자가 자기 삶의 무속인이 되라고 권한다. 자신의 몸과 다시 연결되고, 감정을 해방하고, 스스로 자유롭다고 느낄 수 있도록 자신의 육신에 제대로 거주하라고 말한다. 그뿐이다.

나는 이 마법 같은 수행을 최면을 공부하며 발견했고, 바로 받아들였다. 이 수행은 마음속에 있는 고통이나 긴장을 가라앉혀 다른 것에 자리를 내어 준다.

먼저 방해받지 않을 조용한 장소에 자리 잡는다. 그리고 그 순간의 감정을 대체하고 싶은 기분 좋은 감정을 생각한다. 그 감정을 불러오기 위해 삶에서 가장 좋았던 순간을 떠올릴 수 있다. 그러면 어떤 감정이 드는가? 그것이 몸의 어느 부위에서 느껴지는가? 기억하라. 이처럼 감정을 환기하기만 해도 원래의 그 감정을 되찾을 것이다. 이 단계는 2분가량 걸린다. 그러고 나면 이따금 몸에 나타나 당신의 능력을 구속하는 부정적인 감정과 만나라. 그 감정은 어디에 자리하고 있는가? 몸속에서 얼마나 큰 자리를 차지하고 있는가?

삶의 수레바퀴가 여기 있다. 감정은 'e movere'라는 어원에서 알 수 있듯이 하나의 움직임이다. 몸속의 감정을 부추겨 그것이 자발적으로, 천천히, 원형을 그리며 돌게 하라. 그런 다음 움직임에 가속을 붙이고, 그것의 영향력이 커지는 걸 느껴 보라.

이때 불쾌한 감정을 분명히 느끼는 과정이 꼭 필요하다. 얼마 후에 그것이 사라지도록 내버려 두기 위해서다. 앞서 말한 행위만으로 우리는 감각을 통제하는 힘을 되찾고, 에너지를 다시 움직일 수 있다. 삶의 수레바퀴는 정체에서 빠져나오고 감정의 늪에서 벗어난다. 진흙이 늪

바닥에 가라앉으면 표면의 물이 다시 맑아지는 걸 확인할 수 있다.

바로 이때다! 감정을 정화하는 원운동을 차츰 늦추고, 조금씩 제동하는 힘을 느껴 보라. 제동에 비례해 영향력이 감소한다.

그뿐이 아니다. 자연은 공허를 싫어한다. 삶의 수레바퀴는 부정적인 감정 대신에 한결 유쾌한 다른 감정이 자리 잡도록 도울 것이다. 그 방법은 이러하다. 불쾌한 감정이 사라졌거나 어느 정도 가라앉았을 때 삶의 수레바퀴를 다른 방향으로 돌려라. 깊은 곳에서 이로운 감정이 솟아나 점차 자리를 잡도록 내버려 두라. 그 순간을 느끼고 누리며 창조의 장면을 지켜보라. 이제 수레바퀴를 더 빨리 돌려 보자. 감정도 따라 커져서 행복, 기쁨, 평온이 나타날 것이다.

나는 모든 에너지를 해방한 후 유쾌한 전율을 남기는 짧은 폭소와 함께 이 훈련을 끝낸다. 이 훈련을 규칙적으로 수행하면 부정적인 감정이 대부분 제거될 뿐 아니라 우리 몸과 다시 이어지고, 자신을 더 잘 알 수 있게 된다. 인간이 자신 있는 걸음으로 더 나은 길을 걸어가며 살기 위한 훈련이다.

이 훈련의 핵심은 명백하게 다른 두 감정을 맞바꾸는 데 있다. 그러니 당신이 가진 긍정적인 자원을 활성화할 시간을 가져라. 당신이 간직하고 있는 참으로 유쾌한 기억. 그 기억의 세세한 부분까지 눈앞에 떠올리고, 삶의 수레바퀴로 넘어가기 전에 행복감에 젖어라.

나는 최면 치료를 할 때 정기적으로 이 훈련을 진행한다. 이 훈련은 부정적인 감정을 붙들어 춤추게 한다. 일상에서 당신을 방해하는 사소한 감정부터 시작해 더 강한 감정으로 넘어가라. 이렇게 먼저 방법을 익힌 뒤 숙달되면 점차 그다음 단계로 나아갈 수 있을 것이다.

감정 다스리기 3: 피나 바우슈식 율동법

경이로운 안무가 피나 바우슈*는 모든 사람을 춤추게 만들겠다는 원칙을 갖고 있었다. 젊었든 늙었든, 잘생겼든 못생겼든, 황인이든 흑인이든 백인이든 국경 없는 춤.

* 1940-2009, 독일 출신의 안무가. 기존의 무용 동작에 연극적인 요소를 섞어 춤연극(Tanztheater)이라는 새로운 개념을 만들었다. 현대무용의 혁명가라고도 불린다.

그녀는 인류가 풍요로움과 나약함 가운데서 자신을 펼쳐 보이는 충격적인 공연을 창조했다. 빳빳한 발레복도, 발을 가두는 발레 슈즈도 없다. 우리가 매일같이 입는 부드러운 옷과 자유로운 발만 있다. 일상에 성스러움을 불어넣는 최고의 예술이다.

우리에게는 이처럼 일상에 성스러움을 불어넣는 방법이 필요하다. 우리 삶을 예술 작품이라고 여기는 것보다 더 즐거운 일이 있을까? 한 동작 한 동작 창조해 내야 할 안무처럼 말이다.

그래서 나는 춤 훈련을 제안하려 한다. 엄청나게 굼뜬 사람조차 설 자리가 있을 것이다. 게다가 아무도 없을 때 하기를 권하는 훈련이니 좀 더 편하게, 좀 더 온전히 몰입할 수 있을 것이다.

나는 신경언어학 실습 때 이 수행법을 발견했다. 놀이와 효과가 결합된 이 수행이 설득력 있게 느껴졌다. 그 후 일시적으로 감정에 문제가 생겼을 때 이 방법을 사용할 뿐 아니라 수업에서도 매우 자주 권하고 있다. 수행 방법은 다음과 같다.

현재 상황과 연관된 그리 유쾌하지 않은 감정을 고른다. 그리고 그것을 상징하는 문장을 만든다. 예컨대 "나는 꽉 막혔어", "신경이 곤두서", "슬퍼" 등. 그런 다음 그 문장을 반복해서 되뇌며 춤을 추어라. 동작할 때 공간을 많이 활용하고, 철새가 날 때처럼 팔을 크게 벌려라. 돌고, 물결처럼 곡선을 그리고, 2-3분 동안 문장을 반복하며 부드럽게 움직여라. 낭랑하고 유쾌한 음악을 활용하면 도움이 된다. 모차르트도 나쁘지 않다!

부정적인 감정은 정체되어 꼼짝하지 않으려 한다. 그것에 다시 추진력을 줘 움직이게 만들고, 가는 길을 바꾸고, 다른 느낌에 이르게 해 해방한다. 내면의 흐름은 몸의 흐름을 반영한다.

몇 분 뒤 당신은 되뇌던 문장과 그 문장에 연결된 감정이 제 힘을 잃는 걸 확인할 것이다. 예컨대 날개를 펼치면서 막혔다고 느끼기란 어렵다. 유연하고 느리고 물결치듯 움직이며 화를 내기도 어렵다. 감정과 행동 사이의 괴리가 이 같은 변화를 허용한다. 조금만 변하면 당신의 뇌는 '신경이 곤두서는' 일도 재미있다고 여길 것이다.

잊고 살았던 우리 몸속에 다시 생명을 불어넣는 일이라면 무엇이든 좋다. 춤추기, 달리기, 건초 속에서 뒹굴기, 비 맞으며 걷기 등, 내가 '머리'라고 부르는 자동화된 생각의 생산 설비에서 빠져나오기 위한 일이라면 무엇이든 좋다. 뺨을 스치는 한 줄기 바람의 마법 속에 혹은 기지개를 켜는 고양이를 바라보는 마법 속에 다시 발을 들여놓기 위한 일이라면 무엇이든 좋다.

지나침도, 모자람도 없이

일본에서 참선 수행을 할 때 나는 우라센케[裏千家]* 전통에 따라 다도(茶道) 수업을 받는 행운을 누렸다. 다도는 일상의 면면에 스며드는 진정한 영적 수행이다. 이 수업을 받기 위해 우리는 정자로 갔는데, 얼마든지 시간을 보낼 수 있을 만큼 찬연한 정원이 정자를 둘러싸고 있었다. 일흔이 넘은 키 작은 여승이 일주일에 두세 번 선사로 와 수업을 진행했다.

세 시간에 걸친 다도 수업이 끝나면 우리 다리는 잘근잘근 씹힌 것 같은 상태가 되었다. 다다미 위에서 무릎 꿇은 자세로 오래 있으면 우리 중 가장 인내심 강한 사람조차 후유증을 앓았다. 하지만 그런 건 중요하지 않았다. 몇

* 일본 다도의 3대 유파 중 하나.

세기 전부터 전해져 온 다도는 정확한 동작을 지켜야 하는데, 이처럼 시간을 벗어난 의식, 세세한 사실에 중요한 의미를 부여하는 일은 우리가 참여하는 현대적인 실습에서는 찾아볼 수 없는 것이었다.

나는 다도 수업에서 이런 선물을 받았다. 동작과 동작을 통제하는 법, 동작의 품격이 갖는 중요성을 배운 것이다. 방에 들어가서 인사를 하고 다기(茶器)를 닦으려면 체계화된 몸동작을 배워야 한다. 지나침도 모자람도 없어야 한다. 나는 두 손으로 다기를 돌리고, 오래된 매끈한 목기를 만지고, 물 흐르듯 자연스러운 스승님의 동작을 보며 영감을 받고, 밖에 있는 약수터에서 대나무 바가지로 물을 떠 손을 씻는 일이 정말 좋았다. 얼마나 빛나는 동작들인지! 모든 움직임이 지금 이 순간을 부각하기 위한 말 없는 시 같았다. 그럴 때 몸은 전체의 조화를 이루는 하나의 도구가 된다. 몸은 사물과 부딪치는 것이 아니라 그 속으로 녹아들고, 사물을 숭배하고, 빈 공간을 어루만지고, 시간의 흐름을 유연하게 장식한다.

몸을 깨우는 간단한 동작

프랑스에 있는 선사로 돌아온 나는 동작 하나하나에 머물기 위해 세심히 노력했다. 우리 선사에서는 두 손을 모으고 몸을 앞으로 숙이는 전통적인 인사법, 절하는 자세, 방을 출입하는 동작을 고수하고 있었기에 노력하기가 한결 수월했다. 물론 사회생활을 할 때는 어려울 수 있다. 그래서 몇 가지 주의 사항과 일상에서 몸에 조화롭게 깃들기 위한 간단한 동작을 제안하고 싶다.

먼저 문 닫는 법을 배워라. 물론 문 여는 법도 배워야 한다! 모든 행위를 침묵 속에서 하는 것이 관건이다. 어떤 딸각거림도, 소리도 없어야 한다. 동작을 통제할 때 필요한 느리고 세심한 규칙을 지키며 문을 닫는 것이다. 게다가 이렇게 하면 도시에서 발생하는 일상적인 소리의 흔적을 현저히 줄여 주변 사람의 평온까지 지킬 수 있다.

두 번째 방법 역시 바로 실천할 수 있다. 요리할 때 실시간으로 자신의 동작을 느껴라. 부엌은 맛과 향, 온갖 향신료가 순간을 음미하도록 우리를 초대하는 이상적인 장소다. 모든 동작을 의식적으로, 하루를 마무리하는 침묵 속에서 행하라. 그러면 그 고요 속에서 혹은 고요가 아니더라도 조리되고 있는 음식 냄새 속에서 놀라운 평온을 찾게 될 것이다.

실제로 일상은 대개 그리 평온하지 않다. 그러나 내가 말한 '동작 속에 존재하는 행위'는 특별한 환경을 필요로 하지 않는다. 하루를 마무리하는 저녁, 들뜬 분위기에 잠긴 식당이나 길거리에서 행할 수 있다. 1분 정도 하다가 잠시 아이의 코를 풀어 주고 다시 시작할 수도 있다. 이러한 의식을 행하는 데 있어 가장 중요한 점은 자주 해야 한다는 것이다. 매우 자주, 조금씩. 그러다 보면 마음이 새로운 존재 방식에 익숙해진다. 이로써 일상에서 영적인 수행을 할 수 있는 토대를 만들고 그에 따른 지혜를 얻게 된다.

고요를 찾기 위해 움직임을 버리지 말고
움직임 속에서 고요를 찾으라.

— 도교 격언

타인은 아마 동의하지 않거나
당신을 이해하지 않을 것이다. 괜찮다.
중요한 건 당신의 길을 조용히
그러나 확실하게 그리는 것이다.

6장

침묵 치유법 : 마음의 중심을 세우는 연습

어떻게 하면 하루나 이틀 동안 모든 것과 단절할 수 있을까? 침묵 치유법을 시도해 보는 건 어떨까? 침묵 치유법은 실천하기도 쉽고, 수행을 빠르게 진전시키는 숨은 보물을 품고 있다.

이어지는 글에서 이 치유법을 수행하는 다양한 길을 만날 수 있을 것이다. 그저 내 경험에서 비롯한 제안일 뿐이니 각자의 상황에 맞춰 적용하길 바란다. 만약 하루에 혼자 있는 시간이 몇 시간밖에 안 된다면 조건에 맞춰 전날에 미리 준비해 두는 것도 좋다.

어떤 상황에서든 몰입이라는 위대한 문을 통해 고귀한 침묵 속에 들어가 이틀 혹은 사흘간 이 치유법을 지속하면 유익할 수밖에 없다. 모든 준비는 전날 혹은 며칠 전에 시작된다. 침묵 치유에 뛰어들기로 결심하고, 리듬을 바꿀 마음의 준비를 하고, 묵언 수행에 필요한 몇몇 도구나 준비물을 가져다 놓는 것이다.

죄책감 뛰어넘기

몇 년 전, 나는 가브리엘 바스티앙이라는 대단히 지혜로운 부인과 함께 정신분석 치료를 받았다. 내가 꿈꾸는 완벽하고 지혜로운 사람을 묘사하며 그렇지 못한 나를 한탄하던 날, 그녀는 모든 걸 아는 듯한 미소를 지으며 내게 이렇게 말했다. "캉쿄, 지금 일흔쯤 될 법한 사람을 묘사하고 있군요. 인생의 온갖 시련을 겪고 그 결실을 얻은 사람 말이에요. 당신은 이제 스물여덟이에요. 자신에게 배울 시간을 주세요!" 그녀의 말은 유익한 전기 충격 같은 효과를 주었고, 나는 도달할 수 없는 이상을 좇아 달리는 일을 당장 그만두었다.

아니, 그보다는 평온하게 조금씩 이상을 향해 걸어가기로 마음먹었다. 몽블랑산을 오르려는 사람과 마찬가지다. 어느 날 샌들을 신고 웅장한 산 아래 서면 누구나 충격을 받고 바로 그 산을 떠날 것이다. 그러나 시간을 들여 훈련하고, 준비물을 챙기고, 지형을 연구하면 산은 차츰 자신을 내어 줄 것이고, 그때야 비로소 도전이 가능해진다. 요컨대 모든 것은 '타이밍'의 문제이며, 잠재적인 한계를 받아들이는 것이 관건이다.

따라서 침묵 치유법에 뛰어들려면 먼저 죄책감부터 털어 내야 한다. 스트레스에 예민하고, '쿨'하지 못하며, 나쁜 부모라는 죄책감을 없애는 것이다. 우리는 '미완성' 상태로 시작해 다른 곳을 향해 나아갈 것이며, 이는 당연한 일이다. 나는 강연을 하다가 때때로 청중에게 이런 말을 듣는다. "아뇨, 명상은 저 같은 사람을 위한 게 아니에요. 전 너무 들떠 있어요!" 바로 그렇다! 명상은 조용하고 침착한 사람만 할 수 있는 게 아니다. 오히려 그 반대다. 침묵 수행과 마찬가지로 명상은 불완전함 속에 자리 잡고 앉아 그 불완전함을 고스란히 받아들이라고 가르친다.

어쩌면 우리는 자녀에게, 연로한 부모님에게, 지인들에게, 일에, 아프리카의 빈곤에 충분히 관심을 쏟지 않는다고 자책하며 치료를 시작할 수 있다. 혹은 지나치게 예민하고, 너무 게으르고, 자신감이 없다는 사실을 아쉬워하며 시작할 수도 있다. 이런 죄책감, 아쉬움은 침묵 수행을 하는 동안 뛰어넘게 될 것이다. 심지어 그것은 저절로 사라질 수도, 모든 것을 다 태운 불처럼 꺼질 수도 있다.

맛있는 음식 준비하기

소음에서 침묵으로 건너가는 일은 무모한 내기 같아 보인다. 변화가 급격하다고, 심지어 혼란스럽다고 느낄 수 있으므로 함께할 맛있는 음식이 있으면 좋다.

침묵 치유법과 단식을 함께 하는 게 아니라면 수행하는 동안 먹을 여러 가지 음식을 생각해 두어야 한다. 음식을 옆에 두고 신경 쓰거나 즐거움의 대상으로 삼으라고 말하지는 않겠다. 며칠 전에 미리 맛있는 유기농 식품을 찾아서 재료의 신선함을 확인하고 색깔을 눈에 담아 두는 게 좋다. 맛보다는 영양가를 고려해 세심하게 고른 식품이면 된다.

침묵을 지키고 속도를 늦추는 건 힘든 수행이다. 그 기쁨은 나중에 온다. 식사는 금욕하는 시간 틈틈이 주어지는 보상이자 순수한 기쁨이 될 수 있다. 식사는 노력과 만족을 조화롭게 이어 준다.

수행을 하다 보면 너무 힘들어서 좌절이 고개를 내밀

위험이 있다. 그럴 때 맛있는 음식이 침묵 치유법의 성공을 상징하는 역할을 할 것이다. 심리학자 미하이 칙센트미하이는 저서 『살다: 행복의 심리학(Vivre: La psychologie du bonheur)』에서 이 사실을 대단히 강조한다. 연구자들은 여러 문화와 세대를 가로지르는 연구를 통해 행복의 보편적인 비밀을 발견했다. 요약하면 우리에게 기쁨을 주고, 노력해야만 도달할 수 있는 목표, 욕망, 목적을 갖는 것이다. 이 책은 노력과 즐거움 사이를 끊임없이 오가는 사례들을 보여 준다. 우리가 이 침묵 수행에서 제안하는 대로, 예컨대 당신은 아무것도 하지 않고, 가능하면 지루해하며 20분간 침묵하고 난 뒤에 그 보상으로 맛있는 식사를 하는 것이다.

영혼을 살찌우는 책

책을 고르는 데도 선택의 여지가 있다. '새로운 커뮤니케이션 도구'에 관한 엄청나게 두꺼운 책을 억지로 읽을 수도 있고 아니면 거실 탁자에 구미가 당기고 영감을 주는 작은 책을 몇 권 놓아둘 수도 있다.

몇 시간 동안 침묵하고 나면 당신의 정신은 새로운 것에, 관점이 변한다는 사실에 한결 열린 태도를 보일 것이다. 어쩌면 이때야말로 삶의 의미나 인간의 영혼에 관한 책, 심리학책 혹은 여행 일기에 대해 생각하기 좋은 순간일 수 있다. 직접 확인해 보라.

한계를 인정하고 주변에 알리기

일부 선사에서는 이런 수행도 한다. 침묵을 며칠 연장하고 싶은 수행자는 옷에 '묵언'이라고 쓰인 표찰을 붙인다. 이렇게 하면 동료들은 수행 기간 동안 그에게 말을 걸지 않으려고 노력한다. 가족과 함께 지내며 몇 시간 혹은 며칠 동안 이 수행을 하지 못할 이유가 있을까?

가까운 지인에게 당신의 새로운 도전을 알리려면 먼저 스스로의 선택에 확신을 가져야 한다. 당신이 견딜 수 있을 만한 한계를 제시하고, 자기 자신과 주변 사람에게 당신이 얻을 수 있는 혜택에 관해 이야기해야 할 것이다. 비판이나 조롱도 받을 것이다. 친구로서 조언하자면 비바람이 지나가는 모습을 의연하게 지켜보라.

어떤 상황이 닥치든 그것을 정리할 수 있는 한 가지 중요한 사실을 명심하라. 그것은 바로 설득할 필요가 없다는 점이다! 타인은 아마 동의하지 않거나 당신을 이해하지 않을 것이다. 괜찮다. 중요한 건 당신의 길을 조용히, 그러나 확실하게 그리는 것이다.

디지털 기기를 껐을 때 일어나는 일

우리는 아주 중요한 지점에 이르렀다. 바로 디지털 은둔이다. 디지털 은둔이란 침묵을 온전히 누리기 위해 스마트폰, 컴퓨터, 전화기, 태블릿처럼 습관이 된 소통 도구들을 끄는 것이다.

디지털 기기를 끄면 세상과의 관계가 완전히 달라지는 걸 느낀다. 수년 전부터 우리는 웹 2.0을 통해 서로 연결되어 있는 데 익숙해졌다. 그래야 안심이 되고, 혼자라 느끼지 않으며, 많은 증인을 곁에 두었다는, 인간 공동체에 안전하게 속해 있다는 느낌을 받는다. 나는 매일 세상에 관한 자신의 의견을 게재하며 삶의 의미를 찾는 사람을 몇몇 알고 있다. 새로운 기술과 디지털 네트워크를 싸잡아 비방할 생각은 없다. 그러나 침묵 치유법에서 고독이라는 요소는 중요하다. 우리는 고독을 통해 진정으로 멈춰 서서 자신과 함께하는 새로운 방식을 배운다.

침묵 치유법이 성공하려면 플러그를 완전히 뽑아야 한다. 휴대전화와 컴퓨터를 끄고, 되찾은 자유를 음미하라.

먼저 SNS에 당신이 침묵 치유법을 시작한다는 사실을 알린 다음 모든 디지털 기기를 가능한 한 눈에서 멀리 떼어 놓으라. 그리고 앉아서 심호흡하며 그 순간의 배경에 눈을 열어라. 혹은 창가로 가서 밖에서 일어나고 있는 일을 조용히 바라보라. 플러그를 뽑으면 순간에 그리고 당신이 자리한 장소에 즉각 몰입하게 된다. 이 단순한 사실 자체가 깊은 휴식을 안겨 준다.

소셜 네트워크나 타인과 소통하는 애플리케이션은 우리를 항상 긴장하게 만든다. 그처럼 다양한 방식으로 우리 삶을 연출하는 일은 우리가 순간을 충만하게 체험하지 못하도록 막는다. 그런 식으로 많은 사람이 흐르는 시간보다 늘 앞질러 간다. 그들은 우리와 함께 있으면서 동시에 그 사실을 세상에 알릴 방식(사진, 글, 트위터)을 고민한다. 이처럼 정보가 범람하는 사회에서는 '존재한다'라는 말 자체가 의미를 잃는다.

디지털 기기를 모두 끈 채로 시간이 조금 지나면 세상과 다른 방식으로 관계 맺고 있음을 느낄 수 있다. 그 사실이 깊은 행복을 가져온다. 이 모든 것이 침묵 치유법을 실행하기 전날 시작된다.

잠깐 동안 실종되기

치유법을 시작하기 바로 전날이다. 당신이 디지털 세계에서 사라지도록 도와줄 여러 방법이 있다. 무엇보다 좋은 방법은 모두에게 알리는 것이다.

— 자동 응답 전화기에 메시지를 남길 것.
— 이메일에 자동 메시지 기능을 활성화할 것.
— 친구와 가족에게 전화를 걸어 안심시킬 것.

이렇게 하면 일석이조의 효과를 얻는다. 다른 일에 몰입할 수 있도록 정신이 자유로워질 뿐 아니라 당신 자신을 어쩔 수 없이 침묵으로 몰아넣는다. 당신의 계획을 모두에게 알렸으니 헛소리하는 사람이 되지 않으려면 중도에 그만두기가 어려울 것이다. 나는 이런 식으로 담배를 끊은 친구를 안다. 그 친구는 담배를 끊었다고 여기저기 떠들고 다녔다. 다시 피웠다가는 모두에게 신용 없는 사람으로 낙인찍힐 정도로. 침묵 치유법을 수행한다는 사실과 그 기간을 주변 사람에게 알리면 당신은 스스로 포로가 되어 그 기간을 지키지 않을 수 없게 된다. 특히 며칠 동안은 조용히 지내지 않을 수 없다.

그러나 더 좋은 점이 있다. 수행 계획을 알리면 사람들의 호기심을 유발할 것이고, 분명히 당신을 모방하는 사람이 생길 것이다. 그들이 침묵 치유의 전개 과정과 효과를 당신에게 물어볼 테니 이 유익한 마음 수행을 퍼뜨리는 데 기여할 수 있다. 바로 이런 것을 가리켜 유용성과 유쾌함이 결합했다고 말한다!

침묵 치유법을 하루나 이틀 또는 며칠 동안 지속할 때 최고의 결실을 끌어낼 수 있는 생각들을 여기 정리해 본다. 꼭 모두 다 하라는 건 아니다. 그저 이 가운데 몇 가지에만 집중하라. 강도 높은 프로그램은 일상에서 받는 것과 동일한 강도의 스트레스를 불러일으킬 위험이 있다.

게다가 정기적인 침묵 치유 프로그램이 꼭 필요한 건 아니다. 물론 이런 프로그램이 마음을 안정시키는 안내자 역할을 하겠지만 유사한 경험을 몇 번 하고 나면, 예컨대 침묵 치유법을 열 번쯤 하고 나면 계획을 세우지 않고 자유롭게 사는 데서 더 큰 기쁨을 누릴 것이다. 그런 지혜의 경지에 이르기를 기대하며, 침묵의 공간과 느려진 시간을 오롯이 누리고 몇 가지 중요한 체험을 음미하게 해 줄 길잡이들을 소개한다.

마음껏 지루해하기

나는 인도에서 일주일 동안 갇혀 지낸 적이 있다. 전적으로 자발적인 포로였으니 안심하시라. 그때 '시로다라(Shirodhara)'*라고 하는 아유르베다 전통 의학의 정화 치료를 받았다. 환자는 따뜻한 오일을 온몸에 바르는데, 특히 이마에 집중적인 마사지 치료를 받는다. 치료사는 오른쪽에서 왼쪽으로 정성스레 치료용 오일을 한 줄기 떨어뜨린다. 치료는 상당히 오래 이어지며 몸 내면에 마치 메아리 같은 진동을 일으킨다. 이 모든 과정은 세포를 다

* 의식 상태를 평온하게 만들기 위해 이마에 따뜻한 오일을 떨어뜨리는 방법.

시 깨우는 작업이다. 아득한 시간의 밑바닥에서 시작된 이 치료법은 묘하게 EMDR(Eye movement desensitization and reprocessing)*을 연상시킨다. 치료가 지속되는 내내 환자는 신생아 취급을 받는다. 따라서 모든 감염 위험을 피하기 위해 자기 방에만 머물러야 한다.

그렇게 방에 갇힌 채 나는 전혀 다른 세상을 경험했다. 창문 앞에 앉아서 새끼 염소, 암소, 새가 지나가는 걸 바라보며 즐거워했고, 아무것도 나타나지 않으면 한탄했다. 솔직히 말하면 대개는 꼼짝 않는 나무 몇 그루 외에 아무것도 볼 수 없었다. 흘러가는 시간에 박자를 맞추며 신경을 긁어 대는 시계조차 없었다. 불편한 의자 하나, 침대 하나, 거의 빈 장롱 하나 그리고 머리를 지끈거리게 만드는 내 생각뿐이었다.

이 정화 치료를 받은 일주일을 포함해 4주간 인도에 머물며 많은 일을 경험했다. 여러 사람을 만나고 매혹적인 힌두교 의식에 참여하고 아름다운 장소에 머물렀다. 그러나 무엇보다 또렷이 기억나는 건 창문 앞에서 보낸 평

* 심리 기법 중 하나로 눈동자를 움직여 심리적인 예민함을 줄이고 기억을 긍정적으로 재처리하는 치료 방법이다.

범한 시간이다. 바로 거기서 나는 가장 많은 걸 배웠다. 아무 할 일 없이, 말을 나눌 친구 하나 없이 나는 난생처음으로 거대한 공허 앞에 자리했다. 그 순간, 중요하다고 생각해 왔던 많은 것이 하찮아 보였고, 삶 자체가 다른 입체감을 띠었다. 이 기간 동안 나는 짜증에서 우울로, 기쁨으로, 마침내 깊은 고요로 건너왔다. 이 모든 것이 완전한 침묵 덕이었다. 말, 눈, 몸짓 그리고 생각의 침묵.

당신도 집에서 창문 앞에 자리 잡고 앉아 30분이나 한 시간 정도 완전히 모든 걸 내려놓는 연습을 해 볼 수 있다. 진심 어린 우정의 마음으로 바라건대 당신이 깊은 권태를 느꼈으면 한다.

침묵하며 밥 먹기

말없이 밥을 먹는 게 얼마나 행복한 일인지 모른다. 선사에서 우리는 매일 묵언 식사를 하며 이 식사가 바 구석이나 역 플랫폼에 앉아 허겁지겁 집어삼키는 점심과 얼마나 다른지 헤아려 본다.

말없이 식사하면 다른 일들을 할 수 있다. 우선 70억

인류 가운데 밥을 먹을 수 있는 행운을 가졌다는 사실을 의식하는 게 가장 중요하다. 많은 영적 스승이 식사 전에 식사를 가능하게 한 모든 조건에 감사하는 마음을 가지라고 조언한다. 종교를 떠나 나는 이런 마음이 식사를 시작하기 전에 그것을 받드는 정말 아름다운 수행 같아 보인다.

나는 어린 조카들과 식사할 때면 먹기 전에 언제나 두 손을 모으고 이런 문장을 읊는다. "이렇게 맛있는 식사를 준비해 준 모두에게 감사합니다." 이 말은 내가 감자튀김 말고 다른 음식을 접시에 덜어 주어도 조카들이 불평하지 않도록 하는 말이자 어떤 음식도 우연히 식탁에 오른 것이 아님을 깨닫게 하는 말이기도 하다. 때로 우리는 말없이 식사한다. 이따금 기억에 남을 만큼 폭소를 터뜨리면서.

그뿐만이 아니다. 말없이 먹는 행위는 요리를 음미하고, 맛을 탐구하고, 음식을 잘 씹도록 한다. 먹는 행위를 오롯이 의식하고, 한 입 먹을 때마다 그 행위를 끝까지 마무리 짓는 것이다. 그러면 소화가 쉬워지고 호흡도 한결 평온해진다.

마지막으로 고요한 식사는 체내 신체기관이 잘 작동하

도록 돕는다. 배의 긴장이 풀리면 내장기관도 그만큼 편안해질 테니 긴장을 풀기 위해 잠시 침묵하고 자기 앞에 시간을 내려놓는 것보다 나은 일이 있겠는가? 어떤 전통에 따르면 의식이 깨어나는 순간에 우리는 우리의 건강과 존재 상태에 힘을 주는 정묘하고 빛나는 에너지와 하나가 된다고 한다.

평소와 다르게 집을 나서면

관광객 입장이 되어 고향에 가면 대개 기이한 느낌을 받는다. 그건 마치 시각을 바꾸는 것과 같다. 나는 정기적으로 고향에 가서 전과 다른 방식으로 거리를 거닐곤 한다. 눈을 들고 걷거나 유람선을 타기도 한다. 침묵 치유법은 집에 틀어박혀 있으라고 가르치지 않기 때문이다. 오히려 무언가를 한결 느리게 의식하며 이전과 다른 방식으로 해 보라고 권한다.

3장에서 나는 시선 훈련을 몇 가지 제시했다. 그 훈련도 모두 당신의 침묵 치유법에 맞춰져 있다. 내면의 에너지와 외부의 에너지, 두 에너지가 집 그리고 밖에서 일상생활과 상당히 비슷한 방식으로 번갈아 가며 나란히 이어질 수 있다. 그렇다고 밖으로 돌라는 말은 아니다. 이따금 일탈을 하고 세상을 탐험하며 일상을 내적인 침묵으로 채우라는 말이다. 더 느리게 걷고, 자주 멈춰 서고, 나무나 비둘기를 바라보라. 그리고 모두가 달릴 때 느긋하게 여유를 갖는 즐거움을 음미하라.

변화의 순간을 기록하다

침묵하는 며칠 혹은 몇 시간 동안 많은 생각과 인상이 당신의 머릿속을 가로지를 것이다. 자각, 의문, 욕망, 깨달음. 이 모든 것을 적어 두면 크게 도움이 된다. 특히 수행 초반에 불쾌한 감정이 나타나면 모든 걸 닥치는 대로 적어 두어라. 문체 따윈 생각하지 말고, 그저 종이에 그것들을 내려놓음으로써 해방되기 위해. 시도해 보라. 손 닿는 곳에 수첩을 두는 건 일종의 배출구를 마련해 두는 셈이다. 부정적인 생각을 내려놓으면 머리가 한결 자유로워진다.

또한 노트는 상황을 정확히 판단하거나 우리가 새롭게

제시하고 싶은 삶의 방향성을 기록하는 데 사용할 수 있다. 다시 한 번 말하지만 글로 쓴다는 건 하나의 행위를 내려놓는 일이며, 그렇게 되면 그것은 더 이상 허공에 떠도는 생각이 아니다. 우리가 가진 꿈을 실현하기 위한 첫 걸음을 내디딘 것이다!

침묵 치유법을 수행하고 난 뒤 예전에 느꼈던 감정이나 감각, 행복감을 떠올리고 싶다면 기록한 내용을 종종 읽어 보라. 그 기록들은 당신의 일상에 긍정적인 닻이자 하나의 샘이 될 것이다. 또한 당신이 자신의 삶과 조우하기 위해 수행해야 할 모든 일의 상징이 될 것이다. 혹은 성찰하고 변화하는 내용으로 페이지를 계속 채워 가게 해 줄 하나의 출발점이 될 것이다.

삶을 바꾸고, 행동을 심지어 습관을 바꾸려면
우리에게 가장 중요한 것이 무엇인지 분명히 알아야 한다.
없으면 삶이 망가질 그 모든 것 말이다.

7장

행위의 침묵 : 세상과 어울려 사는 연습

"인디언으로 산다는 건
새벽별을 보며 일어나는 것이다.
거대한 신비가 우리에게 기도할 여유를 주는 시각에
새들이 침묵하는 시각에
우리의 어머니 지구가 잠든 시각에."

나는 며칠 전 INA(프랑스국립시청각연구소) 사이트에서 이 빛나는 글을 건졌다.[2)] 화자는 50대인 한 인디언이다. 그는 현대사회에서 인디언이 영성을 실천하는 데 겪는 어려움을 쓸쓸하게 이야기한다. 인터뷰는 1976년에 촬영한 르포르타주에 나왔다. 인디언은 여전히 미국 북부에서 자신들의 땅을 지키기 위해 석유 채굴 업자와 싸우고 있고, 그 때문에 이 영상이 다시 상영된 것이다. 내게는 이

메시지가 중요하다. 여기에 모든 것이 담겨 있다. 매일 아침 일어나서 일출을 응시하고 땅에 발을 디디는 것보다 더 중요한 일이 뭐가 있겠는가?

불행히도 어떤 이들에게는 더 중요한 일이 있는 모양이다. 물건을 사고, 밭에 콘크리트를 바르고, 공장을 짓고, 자연을 길들이는 등……. 인디언의 말을 들으면 나는 동지를 만난 듯 덜 외롭지만 나 역시 그들처럼 우리 사회가 발전해 온 방식이 슬프게 느껴진다. 그러나 슬프면서도 낙관적이다. 실제로 어떤 흐름이 달라지고 있는 듯하기 때문이다. 자연을 지키고 가꾸며, 단순하고 느리게 살려는 많은 시도가 전 세계에서 꽃을 피우고 있다.

나는 종종 지구를 어머니라고 생각한다. 도처에서 부산하게 움직이는 아이들을 애정 어린 눈길로 응시하는 어머니. 아이들은 뛰고, 싸우고, 땅을 파고, 물고기를 잡고, 쓰레기를 파묻는다. 아이들이 너무 산만해서 어머니는 어디에 정신을 두어야 할지 모른다. 너무 혼란스러울 때는 '에잇!' 하고 쓰나미나 화산 폭발, 지진을 일으킨다. 그렇게 어머니는 학교 운동장에 질서를 바로잡는다. 그런 다음 다시 아이들을 뛰놀게 한다.

이처럼 세상의 눈으로 우리 행동을 바라보면 우리가

실수를 거듭하며 조금씩 배워 가는 소란스런 아이들처럼 보인다. 아이 중 한 명이 넘어지면 그 넘어진 아이는 다른 아이들에게 넘어지지 않으려면 무엇을 조심해야 하는지 설명해 줄 수 있다. 어떤 아이는 귀 기울여 듣고, 어떤 아이는 듣지 않는다. 그래서 오래도록, 침착하게 다시 설명해야 한다. 갈 길은 멀고, 지구는 인내심이 많다.

이런 생각이 든다. 우리가 철이 들면 어떨까? 초등학교 운동장을 떠나 중학교에 들어가면? 앞서 이야기한 인디언과 합류한다면 우리는 재미있게 지낼 것이고, 미지의 영토를 탐험하며, 새로운 세계를 만들어 갈 것이다.

단순한 삶으로 돌아가기

이 책을 읽기 시작한 이후로 자연스레 당신은 많이 나아졌다. 1장 '결핍감을 받아들이기'에서 언급한 부분이 특히 그렇다. 결핍감은 불안을 잊도록 우리를 집 밖으로 내몰고, 텔레비전을 켜라고 명령하거나 충동구매 해 결핍을 채우라고 맹렬히 지시한다. 때로는 그 구매가 합리적인 모양새를 띠기도 하지만, 잘 생각해 보면 새 스마트

폰이 정말 필요했을까?

결핍을 길들이면서 혹은 길들이는 법을 배워 가면서 우리는 결핍을 채우려는 억누를 수 없는 욕구에서 해방될 것이다. 그리고 앞으로 헤아릴 수 없이 많아질 쓰레기에서 지구를 해방할 수도 있을 것이다. 최근에 왕겐 스님도 이런 말씀을 하셨다. "인간이 명상에 들어서면 천사가 되어 땅에 막대한 이로움을 준다." 수행이 가져다주는 전 지구적인 이로움을 이보다 더 잘 표현할 수는 없을 것이다. 그래서 우리는 제21차 유엔기후변화협약 당사국총회 때 '지구를 위한 24시간 명상'에 함께했다.

다시 자유로워지는 길이 명상뿐인 것은 아니다. 때때로 물건을 사며 보낸 시간, 유행을 따르기 위해 쏟은 에너지를 확인하고, 지구 반대편에서 온 여러 가지 채소의 탄소 발자국을 확인하는 것만으로도 우리는 소비 욕구를 떨쳐 버릴 수 있다. 결핍감이 가라앉으면서 나는 소비와 나의 관계를 바로잡아 줄 몇 가지 단순한 원칙을 정립할 수 있었다. 이제 그 원칙을 공유하고자 한다. 그저 하나의 예로 든 것일 뿐 누군가에게 죄책감을 안기려는 의도도 없고, 모두를 위한 규칙처럼 제시하는 것도 아니다. 이 원칙을 자기 삶에 짧게 혹은 조금 더 길게 혹은 아주 길게 어떤 방식으로 적용할 수 있을지는 각자가 살펴볼 일이다.

윤리적 구매 실천하기

몇 년 전 나는 베트남의 틱낫한 스님이 쓰신 이 문장을 읽었다. "고통에서 나온 물건을 소비하는 일은 고통의 씨앗을 당신에게 심는 것이다." 이 가르침은 2013년 방글라데시에서 라나 플라자 건물이 무너졌을 때 한층 더 강렬하게 와닿았다. 사망자가 1,200여 명에 달했는데 그들은 대부분 우리가 입는 옷을 만드느라 비위생적인 조건에서 일하던 여성들이었다. 우리의 아름다움을 위해 지구 반대편에서 희생된 생명들이었다. 상호의존이 가진 참으로 슬픈 측면이다.

라나 플라자 참사 이후로 나는 물건을 구매할 때 원산지를 꼼꼼히 살핀다. 아프리카 아이들이 만든 초콜릿 바를 내가 어찌 즐겁게 소비하겠는가? 상표는 언급하지 않겠지만 인터넷을 검색해 보면 관련된 회사를 쉽게 찾아볼 수 있다.

이제는 중국이나 인도에서 만든 옷도 입지 못하겠다.

강도 높은 노동으로 등이 망가진 아주 어린 여자아이가 재봉틀 앞에 구부리고 앉아 있는 모습이 나를 따라다닌다. 아이는 그 자리를 선택한 것이 아니다. 그 아이의 삶은 작업장의 네 벽 안에 갇혔다. 우리는 이걸 현대판 노예제라고 말한다. 다행히 우리는 행동할 수 있다. 예컨대 불매운동을 벌임으로써 해당 제조회사를 압박하고 세상을 바꿀 수 있다. 주주들이 배당금의 0.000001퍼센트만 포기해도 그 어린 여자아이는 남자 친구와 함께 해를 보러 갈 수 있을 것이다.

물론 우리는 세상이 저절로 바뀔 때까지 혹은 매우 부유한 사람들이 조금 덜 부자가 되는 데 동의할 때까지 기다릴 수도 있다. 하지만 때로는 불매운동이나 청원을 통해 평온한 정신을 일깨우는 일도 유익할 것이다. 직접 확인해 보라.

행복한 절제의 방법들

솔직하게 털어놓는 편이 낫겠다. 윤리적인 구매를 하려면 사는 게 훨씬 더 골치 아파진다. 처음에 나는 대체 상품을 찾았다. 공정무역 옷, 메이드 인 프랑스 제품 등등. 찾기가 쉽지 않았다. 상표에는 정보가 일부밖에 적혀 있지 않았다. 소비자를 현혹하려고 제조 과정의 마지막 단계만 표시한 상품도 있었다. 그 결과 다른 해결책이 저절로 등장했다. 무위(無爲) 혹은 피에르 라비가 말한 '행복한 절제'[3]. 이제 나는 물건을 훨씬 적게 산다. 그리고 매일 내가 사지 않은 모든 것을 생각하며 혁신적인 비구매를 자축한다.

이렇게 행복한 절제의 길을 걷기까지 수년이 걸렸다. 처음에는 나도 다른 사람들처럼 미친 듯이 소비했다. 대학생 때 나는 운 좋게 장학금을 받았고, 베이비시터로 일했다. 나는 조금만 울적하면 시내로 나가 옷, 책, CD, 달콤함을 안겨 주는 온갖 물건을 샀다. 그러고 나면 일시적인 안도감은 얻었지만 대개 새로운 공허가 뒤따랐다. 그때만 해도 나는 아직 결핍의 구렁텅이에 바닥이 없다는 사실을, 오직 패러다임의 변화만이 평화를 가져올 수 있다는 사실을 알지 못했다.

내 욕구를 관찰하며 받아들이고 나니 강렬하던 구매욕이 한결 덜해졌다. 나는 아주 가끔 상점에 가고, 구매를 할까 말까 고심하지 않고, 어떤 물건을 소유한 나를 상상하지 않는다. 쇼핑몰보다 숲에서 혹은 친구들과 함께 시간을 보내는 것이 훨씬 더 좋다.

하지만 이보다 더 좋은 점이 있다. '행복한 절제'라는 표현이 유행하는 이유는 절제할 때 우리가 지속적인 행복을 누릴 수 있기 때문이다. 소비하지 않는 건 유쾌하고 기분 좋은 일이다. 비구매는 다음과 같은 이점을 갖고 있다.

— 그 시간에 다른 일을 할 수 있다. 친구 만나기, 좋은 책 읽기, 노래방 가기, 비 맞으며 노래하기, 흐르는 강물 바라보기 등.
— 아낀 돈을 정말 가치 있는 일에 쓸 수 있다. 비폭력 소통에 관한 연수에 참가하는 일, 인도주의 계획을 지지하는 일, 마음을 안정시켜 줄 비상금을 채우는 일 등 당신에게 중요한 무언가에 돈을 쓰는 것이다. 그렇다. 나도 인정한다. 이것 또한 소비다. 하지만 다른 차원의 소비다.
— '이로운 혁명가' 부류에 들어선다. 비구매는 정치적인 행위다. 우리는 세상에 영향력을 행사할 수 있다. 자기 삶의 주체가 되고, 더 나은 미래를 만드는 데 기여한다는 느낌을 얻는다. 이 또한 기분 좋은 일이다!

동물의 고통에 대하여

동물 윤리는 아마도 매우 빠르게 진화하고 있는 영역 가운데 하나일 것이다. 잘된 일이다. 도살장의 일상을 관찰한 끔찍한 르포르타주가 여기에 기여하고 있다. 과소비에서 지구를 보호하겠다는 마음을 많은 사람이 공유하듯이.

동물 윤리는 내가 좋아하는 주제 가운데 하나다. 하지만 동물의 고통을 떠올리면 감정적인 충격이 너무 커서 나는 분노와 절망 사이에서 어찌할 바를 모른 채 망설인다. 동물에게 가해진 고문 앞에서 나는 원자폭탄의 존재를 알게 된 아이처럼 그저 이런 물음만 되뇐다. "도대체 왜?" 예민함과 연민을 품고 글을 쓴다는 건 아주 힘든 일이다. 그래서 나는 나를 각 존재의 아름다움과 연결하며 이 주제를 탐구해 보려 한다.

어느 날 저녁, 나는 30년 가까이 불교 수행을 실천해 온 한 부부의 집에 식사 초대를 받았다. 교육 수준이 높은 파리 상류층 사람들이다. 아페리티프를 마시는 동안 내가 채식주의자라는 사실이 주제에 오르자 남자는 촉촉한 눈으로 이렇게 말했다. "아, 저는 동물의 고통을 전적으로 이해해요. 참을 수가 없어요!" 그러더니 그들은 오후 내내 조리한 노릇노릇한 돼지고기 요리를 내왔다.

동료를 먹는 행위의 의미

동물 윤리를 잘 이해하기 위해 서양의 역사에 잠시 관심을 기울여 보자. 오랜 시간 동안 인간은 자신들이 다른 종의 우위에 서는 것을 당연한 일로 여겼다. 신학은 인간을 피조물의 중심에 둠으로써 이런 생각에 크게 기여했다. 신이 자신의 형상에 따라 인간을 창조하면서 우월한 역할과 특별한 자질을 부여했다는 것이다. 좋다. 그러나 그 대신 신은 인간에게 일정한 의무를, 즉 배려하고 보살피고 세상의 조화를 유지하는 의무를 맡겼다. 그런데 인간은 새 영토를 정복하면서 금세 자신들이 약함을 느꼈고, 거기서 오는 두려움을 없애기 위해 권력을 주장했다. 외눈 안경을 끼고 한쪽 눈으로 성스러운 텍스트를 해석하며 피조물의 삶과 죽음에 대한 권리를 멋대로 앗아 갔다. 그 결과를 우리는 잘 알고 있다.

시간이 흐르면서 인간은 자연스럽게 변화해 왔고, 우

리의 시선 역시 완벽히 달라지고 있다. 이러한 변화는 용어에서 시작된다. 우리가 사물을 명명하는 방식이 우리가 사물과 맺는 관계에 관해 많은 것을 말해 준다. 종에 관한 최근의 지식이 학계에서 널리 인정받으면서 '인간 동물'과 '비인간 동물'을 구분하는 사람이 점점 늘어나고 있다. 전체 범주는 '동물'이다. 나는 자연에서 말, 고양이, 새, 다양한 곤충과 시간을 보내며 이 새로운 분류에 매료되었다. 인간은 아니, 인간 동물은 이런 변화에서 득을 본다. 이렇게 생각하자. 동물로서 인간은 비로소 자신의 감각 능력(청각, 시각, 촉각 등)을 재평가하고, 나아가 그 능력을 키울 수 있다. 동물로서 인간은 자신의 머리보다는 몸속에 존재하는 경이와 행운을 발견해 나간다. 동물로서 인간은 이제 아주 든든한 공동체 윤리 속에서 자기 본성을 보호받으며 순간의 자발성에, 즉각성에 빠져든다.

하지만 그 결과 이런 중대한 질문과 대면하게 된다. "동료를 먹는 행위를 무엇으로 정당화할까?" 혹은 이런 질문이다. "스테이크를 먹으며 5분 동안 맛보는 기쁨이 그 시간에 앞선 끔찍한 고통을 정당화할까?"

아메리칸인디언들의 지혜

우리는 지구와 올바른 관계를 맺는 법을 다시 배우기 위해 인디언을 향해, 자연과 가까운 사람들을 향해 나아가야 한다. 이들은 나무 한 그루를 자르기 전에 부족을 모아 최후의 의식을 치른다. 그들은 곧 생명을 내줄 섬세한 존재에게 감사 인사를 하고, 노래를 통해 그 존재가 어떻게 될지 이야기하며, 그 나무의 삶과 선행을 기린다. 이러한 감사는 그들이 얼마나 수준 높은 인식을 가졌는지, 세상을 움직이는 상호의존의 원리를 얼마나 고차원적으로 적용하고 발전시켜 왔는지 증명한다.

자타카라고 불리는 부처의 여러 전생에 관한 이야기에서도 몇 가지 보물을 얻을 수 있다. 일상과 경이가 만나는 은유적인 이야기다. 한 전생에서 부처는 죽어 가는 어미 호랑이에게 자신의 허벅지살을 내주었다. 어미 호랑이는 부처의 허벅지살을 먹고 기운을 회복해 새끼 호랑이들에게 젖을 먹일 수 있었다고 한다. 자신이 사냥한 호랑이 앞에서 커다란 총을 들고 포즈를 취하는 북아메리카 호랑이 사냥꾼들과는 한참 먼 이야기다!

거부, 기꺼이 비폭력을 선택하라

채식주의를 선택하는 건 비폭력을, 간디가 소중하게 여겼던 아힘사*를 선택하는 것이다. 폭력을 소비하지 않고, 폭력적인 무역에 힘을 실어 주길 거부하면 많은 이점이 따라온다. 행위의 침묵에는 일상적인 행복을 가져오거나 강화해 줄 확실한 미덕이 담겨 있다.

세포를 행복하게 하라

기다림, 끝날 줄 모르는 이동, 고통, 추위, 갈증, 매질로 이루어진 긴 행로를 거쳐 도살장에 이르면 우리의 어린 암소 마르그리트는 뼈가 발라지고 토막 난 고깃덩이가 된다. 우리 식탁에 오르게 될 그 고기 조각 하나하나에는 상당한 고통이 층층이 배어 있다. 도살 순간에 동물의 스트레스와 호르몬 분비가 극대화된다는 사실은 과학 실험으로도 입증된 바 있다. 포유류든 생선이든 판매되는 고

* 인도 종교의 기본적인 사상. 불살생을 의미한다.

기는 스트레스가 가득하고, 말 그대로 온갖 호르몬에 오염되어 있다. 우리는 고기를 먹으며 스트레스와 오염 물질까지 함께 먹는다. 식사 후에 몸이 무겁거나 불편하고 심지어 불안해지기까지 하는 건 그리 드문 일이 아니다.

반대로 콩이나 두부 같은 식물성 단백질을 선호하고, 새로운 맛과 새로운 요리법을 발굴하는 데서 즐거움을 찾으면 세포가 가벼워지는 느낌이 든다. 대부분의 채소는 건강을 해치지 않고 오히려 식욕을 한껏 돋우는 형형색색의 요리가 된다. 나는 몇십 년 전부터 채식주의자로, 3년 전부터는 비건으로 살고 있는데 아무런 결핍증도 앓지 않았다. 비타민 D 부족만 빼고.

평화로운 삶에 이르다

나는 비건을 선택한 뒤 평화롭게 살고 있다. 해야 할 일을 하고 있다는 느낌도 든다. 물론 나는 겨울마다 맛있게 먹었던, 감자를 곁들인 라클레트 치즈 요리를 포기해야만 했다. 하지만 어김없이 나를 찾아오는 행복을 생각하면 이 정도 희생은 가벼운 편이다. 내가 추구하는 가치와

완전히 조화로운 삶을 살고 있다는 행복 말이다.

나는 나에게 최면 요법을 받으러 오는 사람들과 함께 매우 자주 '가치'라는 주제를 탐구한다. 삶을 바꾸고, 행동을 심지어 습관을 바꾸려면 우리에게 가장 중요한 것이 무엇인지 분명히 알아야 한다. 없으면 삶이 망가질 그 모든 것 말이다. 어떤 이들에게는 자유롭고 안전한 느낌이, 타인을 돕는 것이, 여행하는 것이, 가정을 꾸리는 것이, 최고의 운동선수가 되는 것이 중요할 수 있다. 그 가치에 도달하거나 삶이 그 방향으로 향하면 내면의 침묵은 '부수적인 선물'처럼 자연스레 딸려 온다!

나에게는 자연과 조화롭게 지내는 것이 중요한 가치 가운데 하나다. 예컨대 나에게 성공한 하루는 새들의 노랫소리를 듣고, 일출을 지켜본 날이다. 그리고 나는 동물이 겪은 고통의 씨앗을 배 속에 담은 채 아침 일찍 일어나는 모습을 상상할 수 없다. 근처 풀밭으로 가서 네 발 달린 나의 친구 말에게 인사할 때 그들은 나를 둘러싼 채 기쁘게 콧바람을 낸다. 녀석들은 틀림없이 내가 육식동물이 가진 포식자의 면모를 잃었다는 사실을 느낄 것이다. 물론 이 말을 확증해 줄 과학 연구는 없다. 그러나 나는 이런 생활 방식이 나의 내면에 깊은 변화를 가져온다고 믿는다. 공격성, 스트레스, 긴장은 줄어들고 평온, 웃음, 쾌락을 추구하는 태도, 세상의 아름다움을 관조하는 기쁨은 커진다!

측은한 마음으로 나무와 물 위로 몸을 숙인다
나는 꽃과 새들의 할아버지이자 몽상가
만물에 깊고 성스러운 연민을 느낀다
아이들이 장미를 함부로 꺾지 못하게 말리며 말한다
식물과 동물을 놀라게 하지 말거라
겁먹지 않게 웃고, 아프게 하지 말고 놀거라
잔과 조르주, 순수한 이마, 눈부신 눈동자가
활짝 핀 꽃 가운데 빛난다
나는 이 모든 낙원을 어지럽히지 않고 거닌다
아이들의 노랫소리를 들으며 생각하고 말한다
저들이 귀여운 소란 가운데 운명이 기록된 신비한 책의
페이지가 넘어갈 때 나는 음침한 소리를 듣지 못하길
저들이 사제에게서 멀어져 예수 그리스도 곁에 머물길.

— 빅토르 위고, 「들판에서」, 『모든 리라(Toute la lyre)』(1888-1893)

주

1) 블레즈 파스칼, 『팡세』(1669).

2) www.ina.fr/video/17025083/interview-de-russell-means-un-siou-oglala-video.html.

3) 피에르 라비, 『행복한 절제를 향하여』(2010).*

* 우리나라에서는 2013년에 『피에르 라비의 자발적 소박함』이라는 제목으로 출간되었다.

옮긴이 **백선희**

덕성여자대학교 불어불문학과를 졸업하고 프랑스 그르노블 제3대학에서 문학 석사와 박사 과정을 마쳤다. 로맹 가리, 밀란 쿤데라, 아멜리 노통브, 피에르 바야르, 리디 살베르 등 프랑스어로 글을 쓰는 중요 작가들의 작품을 우리말로 옮겼다. 옮긴 책으로 『마법사들』, 『흰 개』, 『레이디 L』, 『하늘의 뿌리』, 『앙테크리스타』, 『웃음과 망각의 책』, 『예상 표절』, 『울지 않기』, 『랭보의 마지막 날』, 『프루스트의 독서』 등이 있다.

고요를 배우다

1판 1쇄 펴낸 날 2018년 12월 17일

지은이 | 캉쿄 타니에
옮긴이 | 백선희

편 집 | 안희주, 김소리
경영지원 | 이현경

펴낸이 | 박경란
펴낸곳 | 심플라이프
등 록 | 제2011-000219호(2011년 8월 8일)
주 소 | 경기도 파주시 광인사길 88 3층 302호 (문발동)
전 화 | 031-941-3887, 3880
팩 스 | 031-941-3667
이메일 | simplebooks@daum.net
블로그 | http://simplebooks.blog.me

ISBN 979-11-86757-29-1 03190

• 이 도서의 국립중앙도서관 출판시도서목록(CIP)은 서지정보유통지원시스템 홈페이지(http://seoji.nl.go.kr)와 국가자료공동목록시스템(http://www.nl.go.kr/kolisnet)에서 이용하실 수 있습니다.(CIP제어번호: 2018038176)